부처님의 말, 아주 쉽게 풀어보다
초역抄譯 금강경

부처님의 말, 아주 쉽게 풀어보다
초역抄譯 금강경

초판 1쇄 인쇄 2025년 07월 30일
초판 1쇄 발행 2025년 08월 05일

지은이 정사장(정정철)
펴낸곳 굿모닝미디어
펴낸이 이병훈

출판등록 1999년 9월 1일 등록번호 제10-1819호
주소 서울시 마포구 동교로50길 8, 201호
전화 02) 3141-8609
팩스 02) 6442-6185
전자우편 goodmanpb@naver.com

ISBN 978-89-89874-55-3 03220

• 책값은 뒤표지에 있습니다.
• 잘못된 책은 구입하신 서점에서 바꾸어 드립니다.

초역 抄譯 금강경

부처님의 말, 아주 쉽게 풀어보다

굿모닝미디어

시작하면서

장사꾼이 《금강경》을 펼치다

   저는 스님도 아니고, 불교를 전공한 사람도 아닙니다.

   주변에 스님이 된 친구도 없고, 절에 다니는 지인도 없습니다.

   그저 평범하게 장사하다가, 오르기도 하고 망하기도 하면서 살아온 사람입니다.

   불교와의 인연은, 솔직히 말씀드리면 장사에 쫄딱 망한 뒤에야 시작됐습니다.

   속된 말로, 물에 빠진 사람이 지푸라기라도 잡는 심정으로 불교라는 걸 붙잡아본 거지요.

"불교를 믿으면 뭔가 풀리겠지?"

그랬습니다. 그렇게 마음을 내봤습니다.

하지만 세상은 그렇게 호락호락하지 않았습니다.

어느 날, 누가 제게 그러더군요.

"정 사장, 이제 바닥 찍었으니 올라갈 일만 남았어."

웃기지 말라고 했습니다.

바닥을 찍었다고 올라가는 게 아니었습니다. 제 다리에 굴착기라도 달린 것처럼, 더 깊이 파고들었습니다.

망한 사람은 만날 사람도 없습니다. 잘나가던 사람들은 저를 피해 다녔고, 저는 외롭고 쓸쓸하게 절 근처를 어슬렁거렸습니다. 빚쟁이라도 마주치지 않을 것 같아서였습니다.

그러다 어느 날, 우연히 유튜브에서 종범 스님의 《금강경》 강의를 보게 됐습니다.

처음엔 어려운 말보다 스님의 목소리가 먼저 마음에 들어왔습니다. 조금은 편안해졌습니다.

한자가 섞인 《금강경》을 읽고 해설해 주시는데, 처음엔 하나도 이해가 되지 않았습니다.

그런데 망한 사람은 딱히 할 일도 없습니다. 그래서 그냥 꾸준히 듣기 시작했습니다.

몇 달이 지나자 문득 이런 생각이 들었습니다.

"왜 이렇게 불교는 어려운 걸까?"

가만히 생각해 보니까, 불교는 2,600년 전 고대 인도에서 시작된 거였습니다.

그때 사람들 중 글을 읽고 쓰는 사람이 얼마나 있었을까요? 대부분은 농사짓고 장사하던 평범한 사람들이었겠지요.

그렇다면 부처님 말씀도, 그 사람들이 듣고 바로 알아들을 수 있는 말이었을 겁니다.

지금 우리가 어렵다고 느끼는 이유는, 그 한마디 한마디가 수많은 언어로 번역되고, 해석되고, 또 그 위에 설명이 덧붙여지고, 해설이 겹겹이 더해지면서 점점 더 멀고 복잡한 이야기가 되었기 때문일지도 모르겠습니다.

그렇게 깊어지고 길어지다 보니, 결국 84,000 법문이란 방대한 말씀이 되어버렸는지도 모릅니다.

그래서 생각했습니다. 해설서를 하나 더 늘릴 게 아니라, 지금 이 시대를 살아가는 우리 현실 속에서 부처님 말씀은 어떻게 적용되어야 우리가 조금이라도 더 편안하게, 더 평온하게 살 수 있을까?

그걸 이야기해보고 싶어졌습니다.

저는 불교의 깨달음을 잠도 안 자고, 밥도 안 먹고, 후광이 비치는 초월적 존재가 얻는 신비한 무아지경 같은 것으로 말하고 싶지는 않습니다. 그건 저와는 너무 먼 이야기입니다.

저는 고통을 겪은 사람이라면 누구라도 지금 이 자리에서 손에 잡히듯 느낄 수 있는 깨달음을 이야기하고 싶습니다.

예컨대 《금강경》 네 번째 장, '묘행무주분'에는 "보살은 머무는 바 없이 마음을 내야 한다"는 말이 나옵니다. 예전엔 무슨 말인지 몰랐습니다.

그러다 한겨울 장사가 안 돼 창고에 쌓여 있던 목도리

를 무료 나눔 행사에 기증했던 일이 떠올랐습니다.

그땐 '남는 것도 없는데 왜 나눠야 하지?' 하는 마음이 컸습니다.

그런데 그걸 받아든 어르신이 환하게 웃으셨고, 제 마음도 이상하게 그 자리에서 툭 놓였습니다.

'아, 이게 그냥 주는 마음이구나.

무언가를 기대하지 않고, 조건 없이 행하는 보시란 게 이런 거였구나.' 그 순간, 그 문장의 뜻이 가슴으로 들어왔습니다.

제가 말하고 싶은 깨달음은 바로 이런 겁니다.

누구나 살아가면서 삶의 어느 순간에 자기 마음으로 직접 느낄 수 있는 작은 울림, 그 마음 놓임의 순간.

그게 진짜 깨달음 아닐까요?

저는 이 치열한 경쟁의 현실 속에서 어떻게 하면 우리 모두가 조금 더 편안하게, 조금 더 평온하게 살아갈 수 있을지를 묻고 싶습니다.

그리고 그 물음에 《금강경》이라는 오래된 경전이 어떤

대답을 줄 수 있는지 확인해보고 싶습니다.

그래서 이 책은 경전을 해석하려는 책이 아닙니다. 경전의 한 줄 한 줄이 삶 속에서 어떻게 힘이 되는지를 직접 겪어본 이야기입니다. 망한 장사꾼이 《금강경》을 붙들고 다시 일어서려 애쓴 기록입니다.

그리고 부처님의 가르침이 멀고 거룩한 경전 속에만 있는 것이 아니라, 시장 한복판에서도, 외로운 식탁 앞에서도, 깨어 있는 일상 속에서도 작동할 수 있다는 걸 제 삶으로 보여드리고 싶습니다.

이 책은 그런 이야기입니다. 그리고 그것이, 제가 지금 당신과 나누고 싶은 이야기입니다.

차례

시작하면서 : 장사꾼이 《금강경》을 펼치다   4

00 _____ 《금강경》은 대화다   17

01 _____ 법회인유분 法會因由分   22
          하루를 여는 첫걸음, 인연이 제자리를 찾는 순간

02 _____ 선현기청분 善現起請分   26
          삶을 묻는 진심에서 수행이 시작된다

03 _____ 대승정종분 大乘正宗分   30
          나 아닌 것을 향한 조화로운 마음

04 _____ 묘행무주분 妙行無住分   34
          머물지 않고 베푸는 길

05	여리실견분 如理實見分	40

부처는 눈에 보이지 않는다, 경계도 보이지 않는다

06	정신희유분 正信希有分	46

바로 믿는 이는 드물다

07	무득무설분 無得無說分	51

얻은 것도 없고, 말한 것도 없다

08	의법출생분 依法出生分	56

깨달음은 법에서 태어난다

09	일상무상분 一相無相分	61

하나의 모습조차 본래 없는 것이다

10	장엄정토분 莊嚴淨土分	68

마음이 짓는 불국토, 보는 눈이 만드는 장엄

11	무위복승분 無爲福勝分	75
	분별과 시비를 놓아야 복이 흘러넘친다	
12	존중정교분 尊重正敎分	81
	《금강경》을 존중한다	
13	여법수지분 如法受持分	84
	법을 법답게 받아 지니는 것	
14	이상적멸분 離相寂滅分	90
	모든 형상에서 벗어난 고요함	
15	지경공덕분 持經功德分	96
	몸과 마음으로 경을 지닌 자의 공덕	
16	능정업장분 能淨業障分	101
	업이 녹는 자리	

17	구경무아분 究竟無我分	106
	참된 깨달음엔 '얻을 나'도 없다	
18	일체동관분 一體同觀分	111
	마음이 마음이 아닌 이유	
19	법계통화분 法界通化分	116
	복은 흘러넘치되, 바라지 않음에서 온다	
20	이색이상분 離色離相分	119
	눈에 보이는 것에 얽매이지 말라	
21	비설소설분 非說所說分	123
	말했지만, 말한 것이 아니다	
22	무법가득분 無法可得分	127
	얻을 수 있는 법은 없다	

23	정심행선분 淨心行善分	130
	깨끗한 마음으로 선을 행한다	
24	복지무비분 福智無比分	135
	보살이 닦은 복과 지혜는 비할 바가 없다	
25	화무소화분 化無所化分	139
	이끌었지만, 이끌린 이는 없다	
26	법신비상분 法身非相分	143
	부처님의 진짜 모습은 눈에 보이는 것이 아니다	
27	무단무멸분 無斷無滅分	150
	생겨나는 것도 없고, 사라지는 것도 없다	
28	불수불탐분 不受不貪分	155
	받지 않고, 탐하지 않는 자의 복덕	

29	위의적정분 威儀寂靜分	159
	오고 감도, 앉고 눕는 것도 초월한 고요	
30	일합이상분 一合理相分	163
	겉은 달라도, 이치는 하나다	
31	지견불생분 知見不生分	167
	분별이 일어나지 않는 고요한 자리	
32	응화비진분 應化非眞分	171
	드러난 형상은 진실이 아니다	

마무리하며 : 오래 밀린 숙제를 끝내는 마음으로   175

금강경 원문   179

00 ──── 《금강경》은 대화다

　《금강경》은 총 서른두 개의 단락으로 구성된 경전입니다. 이때 각각의 단락을 가리켜 '분(分)'이라 부릅니다.
　즉, 《금강경》은 서른두 개의 '분'으로 나뉘어 있으면서도 전체가 하나의 흐름으로 이어지는 살아 있는 대화의 기록입니다.
　하지만 이 모든 흐름은 단 한 번의 대화에서 시작됩니다.

묻는 이는 제자 수보리, 답하는 이는 부처님이십니다.

수보리는 부처님보다 나이가 많고, 일찍부터 명상과 무아 사상에 밝은 수행자였습니다. 당시에도 장로(長老)라 불릴 만큼 학식과 경륜이 깊었던 인물이지요.

그런 그가 부처님의 짧은 가르침을 듣고는 '이분이 진짜다' 싶어 모든 것을 내려놓고 귀의했습니다.

그래서 《금강경》은, 단지 스승과 제자의 대화를 넘어 깊이 있는 수행자와 진리를 꿰뚫은 깨달은 이가 조용히 마주 앉아 나누는 문답으로 읽히게 됩니다.

복잡한 논문도, 난해한 철학서도 아닙니다. 그저 한 사람이 묻고, 한 사람이 조용히 답합니다. 우리가 일상에서 나누는 아주 자연스러운 문답처럼, 《금강경》은 그렇게 시작됩니다.

어떤 이에게는 이 경전이 어렵고 딱딱하게 느껴질 수도 있습니다. 하지만 자세히 들여다보면, 《금강경》은 본래 그렇게 태어난 책이 아닙니다.

수보리의 질문은 처음엔 소박하고 단순합니다.

그러나 부처님의 대답이 이어지고, 그 대답을 통해 다시 질문이 깊어지면서 삶의 본질을 향한 물음으로 나아갑니다.

다시 말해, 《금강경》은 "질문을 통해 더 깊은 질문을 일으키는 경전"입니다.

그래서 읽다 보면 어느 순간, 수보리의 질문이 제 질문처럼 느껴지기 시작합니다.

"저는 어떻게 살아야 하나요?"

"무엇이 진짜인가요?"

"어떻게 해야 괴롭지 않나요?"

이런 물음들이 수보리의 입을 빌려 조심스레 흘러나오고, 부처님은 그것에 조용하지만 단단한 말씀으로 답해 주십니다.

지도 그런 적이 있었습니다. 장사가 망하고, 바닥까지 내려갔을 때. 이 경전 속 대화들이 이상하게도 제 얘기 같고, 제 삶을 꿰뚫는 듯 느껴졌습니다.

그래서 《금강경》을 펼칠 때마다, 저는 마치 부처님과

마주 앉아 조용히 대화를 나누는 기분으로 읽습니다.

누구나 살다 보면 삶이 거칠게 밀어붙이는 바람 앞에서 "도대체 이게 뭔가" 싶은 순간이 있지요. 그럴 때 《금강경》은 책장이 아니라, 한 줄의 말이 마음속에 들어와 앉아 주는 책입니다.

저는 이제 《금강경》을 해설서처럼 읽지 않기로 했습니다. 대신, 이 경전을 삶의 언어로 다시 읽어보려고 합니다.

수보리처럼 묻고, 부처님처럼 듣고 말하면서, 그 사이에서 제 자신의 생각과 삶을 하나하나 정리해보려 합니다.

이 책은 그런 마음에서 시작되었습니다.

장사꾼이자, 인생에서 망해본 한 사람이 부처님과 나누는 조용한 대화의 기록입니다.

그리고 한 가지 믿는 것이 있습니다. 《금강경》의 32개 분(分)은 각각이 전체를 품고 있습니다. 어느 한 분만 제대로 이해해도, 그것이 곧 《금강경》 전체를 꿰뚫는 길이 됩니다.

《금강경》 전체를 단 한 마디로 줄이면 이렇습니다.

"분별망상 없이 살아라."

이 말의 뜻은, 이 책을 따라가다 보면 자연히, 그리고 천천히 드러날 것입니다.

그리고 이 말을 한 글자로 담는다면, 그것은 바로 '공(空)'입니다. 이 '공'이라는 글자 속에는 우리가 그토록 매달리고, 두려워하고, 결국 괴로워하게 만드는 모든 분별과 망상이 허상에 불과하다는 통찰이 담겨 있습니다.

이 책은 그 '공' 한 글자를 저의 삶 속에서, 그리고 부처님의 말씀 속에서 조용히 풀어보려는 시도입니다.

01 ──── 법회인유분 法會因由分

하루를 여는 첫걸음,
인연이 제자리를 찾는 순간

새벽빛이 아직 푸르른 시간, 부처님께서는 사위국 기원정사에서 일어나셨습니다.

제자 1,250명과 함께 고요한 거리를 걸어 탁발을 나가고, 정해진 집마다 발걸음을 멈춰 음식을 얻은 뒤 다시 정사로 돌아와 조용히 식사를 마치셨지요.

그다음은 더 느릴 것도, 빠를 것도 없는 동작들. 옷깃을 가지런히 여미고, 발을 씻어 먼지를 털어 내고, 숨을 고른 뒤 말씀 한마디 없이 자리에 앉으셨습니다.

언뜻 보면 놀라울 것 없는 일상의 장면입니다.

그러나 《금강경》은 이 짧은 순간을 한 치도 놓치지 않고 기록합니다.

장소, 시간, 사람 수, 새벽 공기의 고요함까지. 모든 요소가 맞아떨어진 바로 그때에야 비로소 법회가 열렸다고 강조합니다. 불교는 이러한 조화를 의타기성(依他起性)이라 부릅니다.

"어느 것도 혼자 일어나는 법이 없다. 모든 것은 서로 기대어 드러난다."

그날 아침의 기온, 장자의 보시, 제자들의 합장, 부처님의 침묵까지 어느 하나 우연이 아니고, 누구 하나 홀로 나선 이도 없었습니다.

모두가 제자리를 찾아 있었기에 설법이 가능했습니다.

지금 우리의 하루는 어떠합니까?

눈을 뜨자마자 쏟아지는 알림창, 밀려드는 일정, 출근 인파 속의 숨 막힘….

그 바쁨 속에서 우리는 문득 묻습니다.

"왜 이렇게 사는 게 막막할까?"

"무엇을 위해 달리고 있는 걸까?"

어쩌면 막막한 것이 아니라, 하루의 시작이 제자리를 찾지 못했기 때문일지도 모릅니다. 마음이 엉킨 채로 밖으로만 달려가니 내면의 자리가 점점 낯설어지는 것이지요. 부처님은 그날, 아무 말씀 없이 하루를 준비하셨습니다.

옷을 정리하고, 발을 씻고, 자리에 앉으셨습니다.

말보다 앞선 것은 정돈, 정돈보다 앞선 것은 숨결, 숨결보다 앞선 것은 맞아떨어진 인연이었습니다.

그 자리가 먼저 준비되어야 말씀이 흐르고, 지혜가 싹 틉니다.

그러므로 《금강경》의 첫 장면은 단순한 서문이 아닙니다.

부처님께서 몸소 보여 주신 수행의 뿌리.

"인연을 살피고, 자리를 마련하라."

음식을 준비한 보시, 함께 앉은 대중의 숨결, 새벽 공기의 청량함, 그리고 조용히 앉은 한 마음.

이 모든 것이 하나로 어우러질 때 말 한마디 없는 침묵조차 설법이 됩니다.

오늘 아침, 마음이 복잡하다면 먼저 자리부터 돌아보시길 권합니다.

휴대폰을 잠시 내려놓고 책상 위를 정돈하며 조용히 숨을 고르다 보면, 이미 그 자리에 법은 피어나고 있을지도 모릅니다.

부처님께서는 묻지 않으셨습니다. 다만 앉아 계셨습니다.

그 고요한 모습이 전해 주는 한 마디.

"그대는 그대의 하루를 어떻게 시작하고 있는가."

그 질문 앞에서 우리 모두가 다시 마음의 자리에 앉게 되길 바랍니다. 그 자리가 곧, 법의 시작입니다.

02 ─── 선현기청분 善現起請分

삶을 묻는 진심에서
수행이 시작된다

 부처님께서 조용히 자리에 앉으셨습니다. 모든 것이 고요히 정돈되고, 법을 설할 준비가 끝난 그때 제자 수보리가 자리에서 일어났습니다.

 그는 오른쪽 어깨를 드러내고, 한쪽 무릎을 꿇은 채 두 손을 합장하여 깊은 예를 올립니다.

 그리고 부처님 앞에 조심스럽게 여쭙니다.

 "부처님, 제가 알기로는 보살이란 깨달음을 구하면서

도 그 깨달음을 자신만의 것으로 삼지 않고, 그것을 모든 중생과 함께 나누는 이들입니다.

지혜롭고 자비로운 보살들은 항상 자신보다 남을 먼저 생각하며 살아갑니다. 그분들은 자기 이익보다 중생을 위해 몸과 마음을 바치며 살아가십니다.

(※ 여기서 말하는 '중생(衆生)'이란, 삶과 죽음의 반복 속에서 고통받고 방황하는 우리 모두를 뜻합니다. 즉, 나 자신을 포함한 세상의 모든 존재입니다.)

부처님께서도 그런 삶을 늘 귀하게 여기시고, 언제나 그들을 보호하고 이끌어 주셨지요.

그렇다면 부처님, 그런 보살의 길을 따르고자 하는 사람은 어떻게 마음을 내야 하며, 그 마음을 어떻게 지키며 살아가야 하겠습니까?"

이 물음은 단순한 호기심에서 나온 것이 아닙니다. 삶의 방향을 묻는 간절한 질문입니다. 자신만을 위한 삶이 아니라 타인을 위한 삶을 살고 싶다는 진심이 담겨 있습니다.

부처님께서는 조용히 고개를 끄덕이며 말씀하십니다.

"보살의 길을 걷고자 마음을 낸 이는, 내 마음처럼 살아야 한다. 즉, 나라는 생각을 내려놓고 모든 생명을 한마음으로 품는 삶을 살아야 한다."

이 말은 짧지만, 그 안에 부처님의 전 생애가 담겨 있습니다.

'내 마음처럼'이라는 것은 남과 나를 가르지 않고, 남의 아픔을 자신의 아픔처럼 느끼며, 모두의 평화를 위해 행동하는 삶을 뜻합니다.

즉, 자신을 중심에 두고 세상을 보는 '중생의 마음'을 버리고, 모든 생명을 하나로 여기며 살아야 한다는 뜻입니다.

쉽게 말해, '나만 잘되자'는 삶에서 벗어나 '모두 함께 잘되자'는 마음으로 살아야 한다는 말씀입니다.

수보리는 그 말씀을 듣고 고개를 깊이 숙이며 다시 청합니다.

"부디, 부처님, 조금만 더 자세히 말씀해 주십시오."

이 장면은 짧지만, 그 안에 불교 전체의 정신이 압축되어 있다고 느껴집니다.

단순히 법문을 듣는 것이 아니라, '어떻게 살아야 하는가'를 묻는 마음이 이 장면을 끌고 가고 있기 때문입니다.

살다 보면, 문득 "내가 지금 이렇게 살아도 되는 걸까?" 하고 의문이 들 때가 있습니다.

그럴 때, 수보리처럼 진심으로 삶을 묻고 그 물음에 부처님의 마음으로 귀 기울일 수 있다면, 그 자체가 수행이며, 그 순간이 곧 시작입니다.

03 ── 대승정종분 大乘正宗分

**나 아닌 것을 향한
조화로운 마음**

 대승(大乘)이란, 나를 넘어서 나 아닌 모든 것에 더욱 깊이 마음을 내는 길입니다. 다시 말해, 혼자만 편해지고자 하는 길을 넘어서, 함께 살아가는 세상 전체가 편안해지기를 바라는 넓고 깊은 마음입니다.
 그날도 부처님께서 수보리에게 말씀하셨습니다. "보살이나 마하살이라면…."
 여기서 보살은 남을 위해 살아가는 사람이며, 마하살

은 그 길을 더 깊이 실천하는 이를 뜻합니다. 즉, 다른 이의 아픔에 함께 눈물 흘릴 줄 알고, 그들을 위해 자신을 기꺼이 내어줄 줄 아는 이들입니다.

"그렇다면 먼저 자기 마음부터 다스려야 한다. 그 마음 속에 집착이 있다면, 그 욕심과 고집부터 내려놓아야 하느니라.

그리고 이 세상의 모든 살아 있는 존재들이 고통과 괴로움 없이 어울려 지낼 수 있는 조화로운 세상으로 이끌어야 하느니라."

이 말씀을 들으면, 보살이란 누군가를 이끌고 어딘가로 데려가는 사람처럼 느껴집니다. 실제로도 보살은 그런 일을 한다고 여겨집니다.

하지만 부처님께서는 곧 이어서 말씀하십니다.

"하지만 알고 보면, 데려갈 중생도 없고, 인도한 보살도 없느니라."

이게 무슨 뜻일까요? 처음에는 좀 헷갈립니다. 그러나 마음을 조금 내려놓고 이 말을 다시 음미해 보면, 그 안에는 대승의 핵심이 담겨 있습니다.

불교에서는 '나'라는 것도 실체가 아니라고 말합니다. 내 몸은 부모에게서 왔고, 숨 쉬는 것은 공기 덕분이며, 살아가는 데는 햇빛과 물과 바람, 그리고 수많은 이웃 존재들이 함께하고 있습니다.

생각조차도 내가 혼자 만들어낸 것이 아닙니다. 부모, 친구, 책, 사회, 경험… 수많은 인연들이 모여 지금의 나를 이룬 것입니다.

그런데 우리는 흔히 말합니다.

"내가 했다."

"내가 도왔다."

"내가 구했다."

그러나 보살은 다릅니다. 보살은 자신이 했다고 고집하지 않습니다. 누군가를 도왔다고 자랑하지 않습니다. '나'라고 내세우지도 않고, '남'이라고 구분 짓지도 않습니다.

그래서 아무도 데려간 적이 없지만, 모두가 함께 가고,

누굴 구한 적이 없지만, 모두가 살아납니다. 이게 바로 대승의 길이며, 보살의 마음입니다.

부처님께서는 이렇게 말씀하셨습니다.

"남을 돕더라도, 내가 도왔다고 생각하지 말아야 하느니라."

도와준 건 맞지만, 그것을 내세우지 않고, 이름을 남기려 하지 않습니다.

말없이 꽃을 심고, 조용히 물을 건네며, 그저 자연스럽게 살아갑니다.

그 마음이 바로 대승이고, 그런 삶이 바로 대승정종분(大乘正宗分), 즉 '대승의 바른 근본'입니다.

그렇게 사는 이가 있습니다. 마치 해가 뜨면 저절로 따뜻해지듯, 말없이 세상을 데우는 이. 그가 바로, 진정한 보살입니다.

04 ── 묘행무주분 妙行無住分

**머물지 않고
베푸는 길**

부처님께서 수보리에게 말씀하셨습니다.

"보살은 머무는 바 없이 마음을 내어야 한다."

즉, 어디에도 집착하지 않고, 무엇에도 얽매이지 않은 그 마음으로 보시하고, 사랑하고, 살아가야 한다고 하셨습니다.

정말 그렇게 살 수 있을까요?

우리는 무언가를 줄 때, 그 '주는 행위'에 나를 얹습니다. "내가 줬다", "내가 했기에 이 일이 가능했다." 그런 마음이 어딘가에 스며들곤 합니다.

하지만 부처님은 그 마음까지도 놓으라고 하십니다.

그저 흘러가듯, 그저 스며들 듯, 자취 없이 베푸는 것. 그것이 바로 묘행무주(妙行無住)의 길이라고 하셨습니다.

예를 들어, 한 무우가 있습니다. 밭에서 자라나 김장철 무르익은 그 무우를 뽑으며 우리는 "크고 실하네, 잘 자랐네" 하고 칭찬합니다.

하지만 그 무우는 혼자 자란 게 아닙니다. 흙이 있었고, 햇빛이 비쳤으며, 바람이 지나갔고, 뿌리 근처를 파고다닌 벌레도 있었습니다. 수많은 생명과 인연들이 함께한 결과입니다.

무우는 말이 없습니다. 말이 없는 건 입이 없어서가 아니라, 굳이 말하지 않아도 된다는 걸 알기 때문입니다. 스스로를 드러내려는 마음조차 없습니다. 그저 필요한 때에 나와지고, 내어지고, 조용히 사라질 뿐입니다.

그게 바로 '무주(無住)', 즉 머무르지 않음입니다.

이처럼 사람도 보시할 때 머물지 않아야 합니다. "내가 도왔다"는 생각, "내가 보살이다"라는 의식조차 놓아야 합니다.

진짜 아름다운 행위는 마치 무우가 자라듯, 햇살이 조용히 내려오듯, 바람이 스쳐가듯, 그 자리에 필요한 만큼만 스며드는 것입니다.

이 묘행무주의 삶을 떠올릴 때, 저는 언제나 한 사람을 생각하게 됩니다.

바로 마더 테레사 수녀님입니다.

40여 년 전, 신문 지면을 통해 처음 접한 그분의 이야기는 지금도 제 가슴속에 또렷하게 남아 있습니다.

그분의 삶은 마치 《금강경》이 말하는 보살의 행을 그대로 살아낸 듯했습니다.

동유럽의 작은 나라에서 태어나, 영국에서 교육을 받고, 인도로 건너가 평생을 가난하고 병든 이들과 함께 하며 살았습니다.

그분은 종교를 전하려 하지 않았습니다. 그저 배고픈

자에게는 빵을, 아픈 자에게는 약을, 외로운 이에게는 손을 내밀었습니다.

이 모습이야말로 무주상 보시의 실천, 바로 묘행무주의 삶이었습니다.

1979년, 노벨 평화상을 수상했을 때, 기자들은 상금 사용 계획을 물었습니다.

수녀님은 이렇게 대답하셨습니다.

"나는 돈의 개념을 잘 모릅니다. 그저 이 돈으로 배고픈 사람들에게 얼마나 많은 빵을 살 수 있을까, 그 생각뿐입니다."

그 말 한마디에 그분의 삶 전체가 담겨 있었습니다.

무엇을 얻기 위해 하는 일이 아니라, 그저 필요한 사람이 있으면 그 곁에 다가가는 삶. 그것이 무주(無住)이고, 그 마음으로 움직이는 행위가 묘행(妙行)입니다.

그분은 또 이렇게 말씀하셨습니다.

"그들은 너무 오래 상처받아, 자신이 사랑받아야 마땅한 존재라는 걸 잊고 삽니다. 스스로를 짐처럼 여기는 이

들, 그런 이들이야말로 진정 하나님의 자식들입니다."

이 말씀을 들었을 때, 저는 자연스럽게 부처님께서 하신 가르침이 떠올랐습니다.

"모든 중생이 곧 부처다."

그 진리를 그분은 말이 아닌 삶으로 보여주셨습니다.

수녀님의 외모에는 불교 경전에서 말하는 '32상(三十二相)', 즉 깨달은 존재가 지닌 특별한 외형적 특징은 없었습니다. 하지만 그분의 손길, 그분의 말씨, 눈빛과 걸음 하나하나에는 그 어떤 상징보다 더 깊은 자비가 담겨 있었습니다.

진짜 상(相)은 겉모습이 아니라, 그 사람이 남긴 아무 의도 없는 사랑의 흔적 속에서 빛나는 법입니다.

수녀님은 "내가 보살이다"라고 말하지 않았습니다. "내가 했다"는 생각조차 없었습니다. 그저 필요한 자리에 있었고, 그저 필요한 것을 주었으며, 그저 조용히 물러났습니다.

그것이 바로 무주, 그리고 그 행위가 바로 묘행입니다.

《금강경》은 우리에게 묻습니다.

"너는 무엇을 바라고 보시하는가?"

"그 행위는 진심인가, 조건인가?"

"베풀고 나서, 스스로에게 무엇을 기대하는가?"

이 질문 앞에서, 마더 테레사 수녀님의 삶은 조용히, 그러나 깊이 있게 우리 마음을 일깨워줍니다.

불교는 단지 종교가 아닙니다. 그것은 우리가 살아가는 태도이며, 누군가를 대하는 마음의 방식입니다.

수녀님처럼, 무우처럼, 햇살처럼, 우리도 그렇게 머무르지 않고 조용히 베풀며 살아갈 수 있다면—그것이 곧 불자요, 보살이며, 부처님의 가르침 그 자체입니다.

05 ── 여리실견분 如理實見分

부처는 눈에 보이지 않는다,
걱정도 보이지 않는다

어느 날, 부처님께서 제자 수보리에게 물으셨습니다.

"수보리야, 자네는 내 모습을 보고 나를 본 것이라 생각하느냐?"

수보리는 잠시도 망설이지 않고 대답합니다.

"아닙니다, 부처님. 겉모습만 봐서는 진짜 부처님을 볼 수 없습니다."

이 짧은 문답은 마치 조용한 산속에서 들려오는 바람

소리처럼 잔잔하지만, 그 속에는 진리를 꿰뚫는 깊은 가르침이 담겨 있습니다.

우리는 보통 눈에 보이는 것, 귀에 들리는 말, 겉으로 드러난 행동을 보며 "아, 이게 진짜다"라고 믿습니다.

하지만 부처님께서는 우리에게 조용히 묻고 계십니다.

"눈에 보인다고 해서, 그게 정말 진실일까?"

若以色見我 以音聲求我 是人行邪道 不能見如來

약이색견아 이음성구아 시인행사도 불능견여래

"만약 어떤 사람이 형상을 보고 나를 보려 하거나, 소리를 통해 나를 찾고자 한다면, 그는 삿된 길을 걷는 것이니, 결코 여래를 볼 수 없느니라."

여기서 말하는 '여래(如來)'란, 단지 어떤 인물이나 신적 존재가 아니라, 형상과 소리, 이름과 개념을 뛰어넘는 진실 그 자체를 가리킵니다.

부처님은 말씀하십니다.

"형상이 있는 모든 것은 허망하다. 그러므로 형상 속에 진실이 없음을 꿰뚫어 보면, 그 자리에 바로 부처가 있느니라."

이 말은 곧, 세상에 드러나는 모든 것은 다 언젠가 사라진다는 뜻입니다. 꽃도 지고, 말도 잊히고, 사람도 늙고, 기억도 흐려집니다. 그렇게 사라지는 것을 '진짜'라고 믿고 거기에 마음을 붙잡아두면, 언젠가는 실망하고 괴로워지게 마련입니다.

그래서 부처님은 우리에게 "보이는 것에 집착하지 말라"고 하십니다.

진짜 부처는, 어떤 형상이나 이름으로 딱 붙잡히는 존재가 아닙니다. 오히려 모든 형상과 생각을 놓아버린 자리, 집착 없는 마음의 고요 속에 조용히 머무르고 계십니다.

누구를 꾸짖지도 않고, 자신을 드러내지도 않으며, 다만 모든 것을 알아차리고 받아들이는 마음, 그 마음이 바로 '부처'입니다.

비유하자면, 물은 손으로 잡을 수 없지만 모든 것을 적셔주지요.

부처의 마음도 이와 같습니다. 형체는 없지만, 그 자비는 조용히 세상과 사람들을 감싸안습니다.

이 대목에서 문득, 오래전 한 영화가 떠오릅니다. 1997년에 개봉한 영화 〈티벳에서의 7년(Seven Years in Tibet)〉, 배우 브래드 피트(Brad Pitt)가 오스트리아 산악인 하인리히 하러(Heinrich Harrer)로 나오는 이야기입니다.

그 영화에서 어린 달라이 라마 14세와 나눈 대화 중에 지금도 잊히지 않는 말이 하나 있습니다.

"문제가 고민으로 해결될 수 있다면, 걱정할 필요가 없고, 고민으로도 해결되지 않는 일이라면, 역시 걱정할 필요가 없다." (If a problem can be solved, there is no need to worry. If it cannot be solved, worrying will do no good.)

티벳 속담인지, 달라이 라마 스님의 즉석 말씀이었는지 모르겠지만, 나는 그 말을 20년 가까이 마음에 품고 살았습니다.

지금 생각해보면, 이 말 또한 '형상에 집착하지 말라'는 부처님의 가르침과 하나도 다르지 않았습니다.

걱정이라는 것도 사실 '마음속에서 만든 허망한 형상'입니다.

아직 일어나지 않은 일, 이미 지나간 일, 혹은 내 뜻대로 되지 않을 것 같은 불안. 그 모든 것들이 눈에는 안 보이지만 머릿속에서는 형상처럼 자리 잡고, 우리를 괴롭히고 있지요.

그러나 그 형상들도 허망합니다. 잡히지 않는 것을 붙잡고 있을 때, 그 손에 남는 것은 허공일 뿐입니다.

부처님은 말씀하십니다.

"형상 속에 진실이 없다면, 그 형상이 사라진 자리에 진짜를 볼 수 있다."

우리도 그런 부처의 마음을 따라, 겉모습에 흔들리지 않고, 남의 말에 휘둘리지 않으며, 잠시 있다 사라지는 것에 너무 집착하지 않고, 지금 이 자리를 있는 그대로 바라볼 수 있다면 그 순간이 바로 '여리실견(如理實見)',

곧 이치에 맞게 진실을 보는 자리입니다.

그리고 그 자리에선 걱정도, 후회도, 불안도 모두 하나의 허상이었음을 알게 됩니다.

그 자리에는 부처도, 나도, 세상도 아무 말 없이 고요히 앉아 있습니다.

06 ──── 정신희유분 正信希有分

바로 믿는 이는 드물다

 어떤 말씀은 너무 깊어서, 지금은 믿지 못해도 언젠가, 믿을 분이 태어나십니다.
 부처님께서 말씀하셨고, 수보리님은 늘 그렇듯 조심스레 여쭈십니다.
 "부처님, 부처님의 말씀은 너무 깊습니다. 이걸 과연 믿을 수 있는 사람이 있을까요?"
 아주 현실적인 질문입니다. 사실 오늘날 저희도 그렇

게 묻습니다.

"요즘 세상에 누가 불교를 믿어요?"

"말은 좋아도 현실에선 통하지 않죠."

그런 물음에 대해 부처님께서는 단호히 말씀하십니다.

"그런 말, 함부로 하지 마라."

믿지 못하는 분이 있는 것도 사실입니다. 하지만 믿을 수 있는 분도 분명히 계십니다. 그분은 지금 이 자리에 없을 수도 있습니다. 그러나 언젠가는 반드시 이 세상에 태어나십니다.

부처님께서는 말씀하십니다.

"내가 세상을 떠나고, 내 이름조차 희미해질 즈음이 오면, 그때 이 가르침을 듣고도 바로 믿는 이들이 생겨날 것이다."

그 말씀은 무엇을 뜻할까요?

저는 문득 씨앗을 떠올렸습니다. 요즘 뉴스에 보면 '씨앗 저장소' 이야기가 자주 나옵니다.

노르웨이의 깊은 산속, 전 세계 식물의 종자를 보관한 창고가 있습니다. 온도, 습도, 빛까지 철저히 조절하며 그 씨앗들이 싹을 틔우지 않도록 잠재웁니다.

그렇게 몇백 년, 몇천 년이 지나도 때가 오면 꺼내어 심고, 그 자리에서 다시 싹을 틔울 수 있습니다.

어느 고대 무덤에서 2천 년 된 벼 씨앗이 발견되었고, 그걸 심었더니 실제로 싹이 났다는 이야기도 있습니다.

저는 그걸 보고 생각했습니다.

"아, 부처님께서 말씀하신 그 '믿는 중생'이 바로 이런 존재이구나."

지금은 아무 반응도 보이지 않지만, 인연이 갖춰지는 날, 언제 그랬냐는 듯 싹을 틔우는 존재. 불심(佛心)은 씨앗과 같습니다.

누군가 오래전에 심어 놓은 그 씨앗이 지금 이 순간, 조용히 깨어나고 있을지 모릅니다.

부처님께서는 아십니다.

"이런 사람들은 헤아릴 수 없는 복을 받을 것이다."

왜일까요? 그분들은 "내가 믿었다", "내가 실천했다"는 생각이 없습니다.

그저 조용히, 바른 마음으로 살아가십니다. 바르게 믿고, 바르게 행하시지만, 그것을 내세우지 않으십니다.

그분들은 법을 따르되, 법에 집착하지 않으십니다. 부처님께서는 이를 뗏목에 비유하십니다.

행복한 땅이 있다고 하죠. 그곳에 가려면 강을 건너야 합니다. 그래서 나무를 엮어 뗏목을 만듭니다. 건너고 나면 그 뗏목을 어떻게 해야 할까요? 머리에 이고 다닐 필요는 없습니다. 그저 조용히 내려놓고 가면 됩니다.

법(부처님 말씀)이란 것도 그렇습니다. 목적지에 이르기 위해 잠시 의지한 것일 뿐, 끝까지 들고 다닐 짐이 아닙니다.

더 나아가 어떤 분들은 뗏목도 아닌 것을 자랑하십니다.

예를 들어, 한문 경전을 외우며 말씀하십니다.

"이건 네가 모르지? 내가 아는 건 특별한 거야."

하지만 부처님의 말씀은 무게 자랑하는 짐이 아닙니다. 그것은 삶을 건너게 도와주는 작고 가벼운 배입니다.

믿음도 그렇습니다. 보이려고 할수록 무거워지고, 내세우려 할수록 멀어집니다.

저는 이 정신희유분을 읽으며 부처님께서 말씀하신 '믿음'이란 게 눈에 보이지 않아도, 지금은 드러나지 않아도 언젠가 반드시 자라난다는 걸 느낍니다.

불심은 씨앗입니다. 때가 되면 싹이 틉니다. 그 씨앗이 누구 안에 있는지는 지금은 알 수 없습니다.

그러니 너무 조급해하지 마시기 바랍니다. 지금은 믿지 않는 분도 언젠가는 마음의 꽃을 피울 수 있음을 기억해 주십시오.

그때가 되면, 저희는 말로 설득할 필요도 없습니다. 그분의 마음이, 스스로 자신을 열게 될 테니까요.

07 ── 무득무설분 無得無說分

얻은 것도 없고, 말한 것도 없다

부처님께서 수보리에게 물으셨습니다.

"수보리야, 그대는 어떻게 생각하느냐? 내가 어떤 법을 깨달았고, 또 그 법을 그대들에게 가르쳤다고 믿고 있느냐?"

수보리는 조용히 고개를 저었습니다.

"세존이시여, 제가 알기로는 부처님께서는 얻으신 바도 없고, 가르치신 바도 없습니다."

놀라운 말씀입니다. 그러나 수보리는 곧 덧붙입니다.

"왜냐하면, 참된 깨달음이란 어떤 형태로도 규정할 수 없는 것이기 때문입니다. 글로 쓰거나 말로 설명할 수 있는 것이 아닙니다. 모든 법은 고정된 것이 아니라, 그때그때 살아 있는 흐름처럼 달라지기 때문입니다."

그렇습니다. 부처님의 가르침은 고정된 교리도 아니고, 일정한 형식의 도식도 아닙니다. 그것은, 그저 그때 그 자리에서 가장 필요한 방향으로 흘러간 말이었습니다.

바람처럼 불고, 물처럼 흐르는 말. 받는 이의 마음에 따라 다르게 들리고, 다르게 스며들며, 또 다르게 피어나는 살아 있는 말.

부처님의 법은 부처님께서 만드신 것도 아니며, 누군가로부터 전해 받은 것도 아닙니다. 그분은 다만, 보셨을 뿐입니다. 그 누구보다 먼저, 그 누구보다 깊이, 우주의 이치를 눈뜨고 바라보셨을 뿐입니다.

그분은 왕자의 자리에서 박차고 나와서 그가 그 보신 것을, 말하지 않고는 견딜 수 없어 팔십이 넘도록 흙먼지를 일으키며 걸어다니셨습니다.

 그분이 보신 것은 다름 아닌 '자연'이었습니다. 꽃이 피고, 지며, 물이 흐르고, 말라가고, 해가 뜨고, 저무는 그 이치. 그것은 말할 수 있는 것도, 얻었다고 할 수 있는 것도 아니었습니다. 그저 그런 것이었습니다. 흐를 뿐이었습니다.

 요즘 지구를 보면 부처님의 말씀이 새삼 떠오릅니다. 지구는 원래 그런 존재가 아니었습니다. 불과 백 년 전만 해도 이렇게 뜨겁지 않았고, 이렇게 요동치지도 않았습니다.

 그런데 지금은 어떻습니까? 한겨울에도 폭우가 내리고, 한여름에는 하루에 일 년치 비를 쏟아붓습니다.

 사람들은 말합니다. "이상기후다."

 하지만 저는 이렇게 생각합니다. 지구가, 사람들이 하도 못살게 굴어서 "이제 나도 살아야겠다"며 몸부림치는 것이라고요.

 지구는 본래 조용하고 순한 존재였습니다. 말이 없고,

성내는 법도 없었습니다.

하지만 인간은 모든 걸 소유하고 싶어 했고, 끝없는 이유를 찾으려 했으며, 어떤 식으로든 답을 얻으려 애쓰는 그 과정에서 자연을 짓누르고 짓밟았습니다.

그러나 부처님께서는 이미 오래전에 말씀하셨습니다.

"나는 얻은 바도 없고, 말한 바도 없다."

말하자면, 법은 애초부터 있는 것입니다. 그저 흐를 뿐이며, 인간이 이해하지 못해도 존재하는 진실입니다.

기후도 흐르고, 법도 흐르며, 진리 또한 흐릅니다.

그걸 억지로 붙잡고 이름을 붙이는 순간, 진리는 죽습니다.

진짜 불법(佛法)은 글에 담길 수 있는 것도 아니고, 말로 설명될 수 있는 것도 아닙니다.

그것은 '무득(無得)'이며, '무설(無說)'입니다. 얻은 것도 없고, 말한 것도 없습니다. 그저 바람처럼, 햇살처럼, 말없이 흘러갈 뿐입니다.

우리에게 남은 일은 그 흐름을 막지 않고, 그 흐름에

순응하며 살아가는 것뿐입니다.

지구도 흐르고, 부처님의 말씀도 흐릅니다.

그리고 그 흐름이 멈추지 않기를, 우리 마음 또한 그렇게 흘러가기를, 조용히 바라봅니다.

08 ── 의법출생분 依法出生分

깨달음은
법에서 태어난다

부처님께서 수보리에게 다시 물으셨습니다.

"수보리야, 어떤 사람이 삼천대천세계에 가득 찬 보물을 아낌없이 보시하면, 그 복덕이 얼마나 클 것 같으냐?"

수보리가 대답합니다.

"정말 셀 수 없이 큰 복덕이 있을 것입니다. 왜냐하면 그 사람은 보시하면서도, 그 보시로 무언가 얻고자 하는 마음이 없기 때문입니다."

부처님도 고개를 끄덕이며 말씀하십니다.

"그렇다. 그런 보시의 복덕은 참으로 크다."

하지만 부처님은 거기서 한 걸음 더 나아가십니다.

"만약 어떤 사람이 이《금강경》의 한 구절이라도 온전히 받아 지니고, 그것을 남에게 전해준다면, 그 사람의 복덕은 앞서 말한 보시보다도 훨씬 크다."

이 말이 무엇을 뜻할까요?

삼천대천세계는 불교에서 상상할 수 있는 가장 큰 우주의 수량입니다. 그런 엄청난 공간을 꽉 채운 보물로 보시를 해도, 깨달음의 한 문장, 그 가르침을 진심으로 전하는 것보다 못하다는 말씀입니다.

왜일까요? 그것은 바로 이《금강경》이 부처의 마음, 다시 말해 자기 집착을 놓아버리고, 모든 존재와 하나가 되어 살아가는 삶을 가리키기 때문입니다.

말하자면,《금강경》을 제대로 이해하고 실천한다는 건 내가 부처가 되는 길을 걷는 것입니다. 단순히 외형적인 복을 쌓는 것이 아니라, 마음의 구조 자체가 바뀌는 것이지요.

그렇다면 부처가 된다는 건 무엇일까요?

어떤 사람은 '초월적 존재가 되는 것'이라 생각하지만, 사실은 그렇지 않습니다.

부처가 된다는 건, 그냥 평범하게, 걱정 없이, 남을 미워하지 않고, 아집 없이 사는 것입니다.

자기중심의 망상이 사라지고, 남 탓하지 않고, 흐르는 대로 잘 어울려 사는 것. 그게 바로 부처의 삶입니다.

그래서 부처님께서는 말씀하십니다.

"모든 부처들이 다 이《금강경》에서 깨달음을 얻었다."

그 말은 이 경전에 담긴 정신이 얼마나 핵심적인지를 보여줍니다.

그런데 부처님은 또 이어서 이렇게 말씀하시지요.

"내가 말한 불법도 진짜 불법이 아니다."

이것은 역설 같지만, 참으로 깊은 말입니다.

불법이라 하더라도, 그것에 너무 집착하면 그 순간 진짜 법이 아닙니다. 상황은 늘 바뀌고, 세상도 사람도 변하니, 고정된 법, 고정된 기준은 없다는 것입니다.

이 말은 장사에도 통합니다.

어떤 사람이 "이게 정답이야!" 하고 고집을 부리면, 그 순간부터 장사는 망가지기 시작합니다. 상황은 바뀌는데, 자기는 옛 방식에 집착하고 있으니 시대와 어긋나고, 결국 손님도 마음도 다 떠나버리는 것이지요.

장사에서 가장 중요한 건 유연함입니다. 그 유연함이 바로 《금강경》이 말하는 지혜와 통합니다.

부처님은 말씀하십니다.

"불법에 집착하지 마라. 집착하면 망상이 생기고, 망상이 생기면 지혜는 나오지 않는다."

이 《금강경》의 한 구절을 제대로 이해하고, 그것을 남에게 전할 수 있다면, 그것은 단지 말을 전하는 것이 아닙니다.

내가 그 법을 살아내는 것, 즉 그 가르침을 몸으로 보여주는 것입니다. 이것이야말로 대승의 정신입니다.

여기서 말하는 대승(大乘)은 '나 하나 잘되자'는 작은 수

레가 아니라, '나 아닌 모든 존재와 함께 가자'는 큰 수레입니다.

혼자 깨닫기보다는 중생과 더불어 깨어나고자 하는 마음, 그 마음이 바로 대승입니다.

내가 복을 받기 위해 법을 배우는 것이 아니라, 세상을 위해 내가 먼저 바뀌는 것. 그리하여 자연스럽게 남도 밝게 만드는 것.

그게 바로 법에서 태어나는 삶, 곧 의법출생(依法出生)입니다.

09 ─── 일상무상분 一相無相分

하나의 모습조차
본래 없는 것이다

부처님께서 수보리에게 물으셨습니다.

"수보리야, 너의 생각은 어떠하냐? 수다원(須陀洹)이 '나는 수다원과(須陀洹果)를 얻었다'고 마음을 먹겠느냐?"

수보리는 고개를 저으며 대답합니다.

"아닙니다, 세존이시여. 왜냐하면 수다원은 이름만 입류(入流), 즉 진리의 흐름 속에 들어갔다고 하지만, 실제로 들어간 바가 없기 때문입니다. 그는 삶을 이루는 모든 유혹과 자극, 번뇌의 입구에서 멈추었을 뿐입니다. 곧, 색성향미촉법(色聲香味觸法, 색·소리·향기·맛·촉감·법), 이 여섯 가지 경계에 더는 끌려들지 않습니다. 그래서 그를 '수다원'이라 부릅니다."

수다원과란 부처님의 진리(法)의 흐름에 처음으로 발을 디딘 수행의 단계입니다. 즉, 소정의 깨달음을 이룬 상태로 성인의 반열에 들어선 첫 관문이라 할 수 있습니다.

하지만 그 자리에서도 이미 유혹이나 번뇌에 반응하지 않기에, '들어간 자'라는 이름이 붙었지만, 실은 들어감조차 없는 자입니다.

여기서 '수다원(須陀洹)'이란 말은 산스크리트어 śrotāpanna를 음역한 것으로, 불교를 처음 접하는 사람들에게는 다소 생소할 수 있습니다.

뒤에 나오는 사다함(斯陀含), 아나함(阿那含), 아라한(阿羅漢)도 모두 산스크리트어를 음역한 이름들입니다.

수다원·사다함·아나함·아라한이라 분류를 하지만, 사실 그 사이에는 거의 차이가 없습니다. 다만 있다면, 미세한 망념(妄念)의 차이일 뿐입니다.

이 네 분 모두, 부처님이라 보아도 무방합니다. 그 가르침의 세계에서는 높고 낮음, 우열과 차등이 없습니다. 차이로 보지 말고, 하나의 빛이 네 방향으로 퍼진 것처럼 이해하면 됩니다.

다시 부처님께서 수보리에게 물으십니다.

"사다함이 '나는 사다함과(斯陀含果)를 얻었다'고 생각하겠느냐?"

수보리가 대답합니다.

"아닙니다, 부처님. 사다함은 '한 번 왔다가 한 번 가는 자'라 불리지만, 사실은 오고 간 적이 없습니다. 그래서 이름은 사다함이라 하나 이는 단지 이름일 뿐입니다."

여기서 말하는 사다함은 수다원보다 조금 더 깊은 수행의 단계입니다.

그는 한 번만 생사를 왕래한 뒤 해탈에 이른다고 알려져 있습니다.

하지만 부처님의 가르침에 따르면 그의 세계에는 실상

왕래(往來)가 없습니다. 즉, 명일왕래(名曰往來, 이름은 왕래라 하나) 이실무왕래(而實無往來, 실상은 왕래함이 없음).

이 말처럼, 모든 것은 인연 따라 변화할 뿐, 고정된 '오는 것'도, '가는 것'도 없습니다. 개념 자체가 성립되지 않기에 오고 감도 없고, 머무름도 없습니다.

다시 부처님께서 물으십니다. "아나함이 '나는 아나함과(阿那含果)를 얻었다'고 생각하겠느냐?"

수보리는 말합니다.

"아닙니다, 부처님. 아나함은 이름이 '다시는 오지 않는 자'라 하오나 실상은 오지 않음조차 없는 자입니다."

명위불래(名爲不來, 이름은 오지 않음이라 하나) 이실무불래(而實無不來, 실상은 오지 않음도 없음).

이 말씀은 매우 깊습니다. 겉으로 보기에는 '다시는 오지 않는다'고 말하지만, 진리의 세계에서는 '옴'과 '가지 않음' 자체가 의미를 갖지 않습니다.

왜냐하면 모든 것이 끊임없이 변하기 때문에 무엇도 고정된 상태로 '온다'거나 '가지 않는다'는 개념이 성립되지 않기 때문입니다.

쉽게 예를 들면, 파도는 오고 가는 것처럼 보이지만, 바다는 그 자리에 그대로 있습니다. 오고 감은 파도의 형상이고, 바다의 본질은 움직이지 않습니다.

다시 부처님께서 물으십니다.

"아라한이 '나는 아라한도(阿羅漢道)를 얻었다'고 생각하겠느냐?"

수보리가 말합니다.

"아닙니다, 부처님. 아라한은 아나함보다 수행이 더욱 깊은 이로, 더는 윤회의 세계에 들지 않는 자입니다. 다시 태어날 일이 없기에 그는 욕계(欲界)를 떠난 해탈자라 불리며, 사실상 부처님과 같은 경지에 도달한 존재입니다."

그는 이렇게 말합니다.

"왜냐하면 실무유법(實無有法, 실로 얻을 법이 없기에) 명아라한(名阿羅漢, 이름이 아라한이라 하나). 이 말처럼, 얻은 바가 없다면 이름도 붙일 수 없지만, 그래도 사람들은 편

의상 '아라한'이라 부를 뿐입니다."

그리고 수보리는 이어서 말합니다.

"만약 어떤 아라한이 '나는 아라한도를 얻었다'고 생각한다면, 그는 이미 분별과 망상에 빠진 것입니다."

수보리는 이렇게 회고합니다.

"부처님께서 저를 선정(禪定)에 뛰어난 자라 하셨습니다. 그렇다면 저는 아라한 가운데 으뜸가는 자일 것입니다. 하지만 저는 결코 '나는 아라한이다'라고 생각하지 않습니다."

"그리고 만약 제가 '아라한도를 얻었다'고 생각했다면, 부처님께서 저를 두고 '수보리는 아란나행자(阿蘭若行者, 싸움과 시끄러움을 떠나 조용한 숲 속을 좋아하는 사람)'라고 말씀하시지 않았을 것입니다."

그 말은, 수보리가 수행을 하면서 자기 고집이나 자아의식을 앞세우지 않았다는 뜻입니다.

그래서 그는 다툼을 멀리하고 고요한 삶을 즐기는 이로 기억되는 것입니다.

깨달음이란 본디 '얻는 것'이 아닙니다. 형상에 속지 않고, 이름에 얽매이지 않으며, 분별을 따르지 않는 것입니다. 하나의 모습이 있다고 생각하는 그 순간, 그 모습은 이미 허상입니다.

그러므로 부처님은 이 분에서 분명히 말씀하십니다. "일상무상(一相無相)" — 하나의 모습이란 것도 본래 없는 것. 형상을 떠나고, 이름을 떠나고, 얻었다는 생각까지 놓을 때, 그제야 진짜를 보는 눈이 열립니다.

10 ─── 장엄정토분 莊嚴淨土分

**마음이 짓는 불국토,
보는 눈이 만드는 장엄**

 불국토. 우리는 흔히 그것을 저 멀리 있는 이상향으로 여깁니다. 극락, 천상계, 혹은 부처님이 계신 하늘 너머의 세상처럼.

 하지만 《금강경》은 아주 조용히, 그러나 단호하게 속삭입니다.

 "불국토는 먼 곳이 아니다. 지금 이 자리, 이 마음 안에서 피어나는 것이다."

장엄정토(莊嚴淨土). 말 그대로는 '정토를 아름답게 꾸민다'는 뜻입니다. 조금 더 현대적인 말로 표현하자면, 마음의 인테리어 공사쯤 될 것입니다.

이 장엄은 화려한 장식이나 겉모습을 꾸미는 일이 아닙니다. 분별, 망상, 집착이라는 오래된 벽지를 걷어내고, 욕심이라는 묵은 가구를 치우고, 마음 깊은 곳에 햇살이 스며들도록 창을 여는 일.

그것이 바로 정토를 장엄하는 길입니다.

그리고 나는 그 모습을 한 아이의 삶에서 본 적이 있습니다. 그 아이의 이름은 폴리애나입니다.

《폴리애나》는 1913년, 미국의 작가 엘리너 H. 포터가 쓴 소설입니다. 세기를 넘어 '긍정의 아이콘'이 된 아이.

폴리애나는 어린 시절 부모를 잃고, 낯선 친척 집의 외로운 다락방으로 보내졌습니다. 춥고, 어둡고, 외로운 그 방에서, 그녀는 울지도, 불평하지도 않았습니다.

"이 방 창문을 열면 숲이 보여요. 정말 멋져요!"

"침대는 낡았지만, 누우면 별이 보여요!"

그녀는 그 순간부터 '기쁨 놀이(Glad Game)'를 시작합니다. 무엇이든 그 안에서 감사할 이유를 찾는 놀이. 불평을 기쁨으로 바꾸는 놀이.

그녀는 누군가를 고치려 들지도 않았고, 설법하거나 가르치려 하지도 않았습니다. 그저 자신이 바라보는 마음의 방향을 바꿨을 뿐입니다.

그 하나의 마음이 마을을 바꾸었고, 그녀는 세상에 해피 바이러스를 전한 아이가 되었습니다.

이것이 바로 부처님께서 말씀하신 장엄정토입니다. 부처님께서는 수보리에게 말씀하십니다.

"수보리야, 보살은 불국토를 장엄할 수 있겠느냐?"

"아닙니다. 장엄하지 않습니다."

왜일까요? 정토는 밖에서 짓는 것이 아니라, 마음 안에서 피어나는 것이기 때문입니다.

보살은 장엄하는 자도 아니며, 장엄되는 대상도 따로 존재하지 않습니다. 둘로 나뉜 마음이 없으니, 장엄할 주체도, 장엄될 대상도 없습니다.

그저 그렇게 살아가는 삶 자체가 장엄이며, 곧 정토입니다.

이 장면에서 부처님은 보살의 마음 작용에 대해 분명히 밝히십니다.

"제보살마하살 응여시생청정심, 불응주색생심, 불응주성향미촉법생심, 응무소주 이생기심(諸菩薩摩訶薩 應如是生淸淨心 不應住色生心 不應住聲香味觸法生心 應無所住 而生其心)"

즉, "보살은 청정한 마음을 이렇게 내어야 하느니라. 색(色), 소리(聲), 향기(香), 맛(味), 감촉(觸), 생각(法)에 머물러 마음을 내지 말고, 아무것에도 머물지 않되, 그 마음은 그대로 일으켜야 한다"고 하신 것입니다.

이 말은 단순히 감각적 대상을 부정하라는 뜻이 아닙니다. 마음이 그에 얽매이지 않되, 그 안에서도 자유롭게 반응할 수 있는 마음. 그것이 바로 응무소주 이생기심(應無所住而生其心)입니다.

머무름 없이 마음을 일으키는 것, 그것이 바로 보살의 삶, 그리고 진정한 장엄정토의 시작입니다.

폴리애나는 이 구절을 알고 있었던 것도 아니고, 외운 것도 아니었습니다. 하지만 그녀는 삶 속에서 이 말을 살았습니다.

색성향미촉법이 가득한 상황 — 추운 방, 외로운 자리, 인정받지 못하는 환경 — 그 안에서도 그녀는 머물지 않았고, 그 안에서도 그녀는 기쁨을 선택하고, 마음을 일으켰습니다.

그녀는 연등불의 법을 받은 적도 없고, 불국토를 설계한 적도 없지만, 그 마음이 이미 불국토를 장엄하고 있었던 것입니다.

그리고 부처님께서는 다시 수보리에게 묻습니다.

"수보리야, 어떤 사람의 몸이 수미산만큼 크다면, 그 몸은 정말 위대하다고 말할 수 있겠느냐?"

수보리는 대답합니다.

"예, 세존이시여. 참으로 크고 위대한 몸입니다."

그러자 부처님은 이렇게 말씀하십니다.

"아니다. 그 몸조차 '몸'이 아니며, 다만 '몸이라 이름 붙인 것'일 뿐이다."

이 가르침은 우리에게 말합니다. 크고 작음, 좋고 나쁨은 본래 거기 있는 것이 아니라, 그렇게 보는 마음이 있을 뿐이라는 뜻입니다.

수미산보다 큰 것이 있다면, 그것은 그렇게 크다고 바라보는 마음의 깊이일 것입니다.

폴리애나의 마음이 그러했습니다.

그러니, 부처가 되기 위해 어딘가 멀리 갈 필요는 없습니다. 진리를 얻기 위해 특별한 법을 좇을 필요도 없습니다.

지금 이 자리, 이 순간. 내가 기쁨을 선택하는 그 마음. 누군가의 아픔에 따뜻한 눈을 건네는 그 한마디.

"그래도 다행이야."

"그래도 좋은 점이 있어."

"그래도 네가 있어줘서 고마워."

이런 말들이 사람의 마음에 꽃을 피우고, 정토의 문을 여는 열쇠가 됩니다.

그 자리가 바로 연등불 부처님의 자리요, 석가모니 부처님의 자리이며, 장엄정토가 이루어지는 자리입니다.

11 ── 무위복승분 無爲福勝分

분별과 시비를 놓아야
복이 흘러넘친다

부처님께서 수보리에게 물으셨습니다.

"갠지스강에 있는 모든 모래알, 그 모래알 숫자만큼 갠지스강이 있다면 어떻겠느냐? 그 모든 강들의 모래알 숫자를 합하면 얼마나 많겠느냐?"

수보리는 대답합니다.

"부처님, 하나의 갠지스강 모래도 셀 수 없이 많은데, 그런 갠지스강이 그 숫자만큼 있다면 그 모든 모래알의 수는 헤아릴 수도 없을 것입니다."

그러자 부처님께서 말씀하십니다.

"그렇다면 어떤 사람이 그 셀 수 없는 갠지스강의 모래처럼 많은 세계에, 그 공간을 꽉 채워서 온갖 보물—금·은·산호·호박·진주와 같은 칠보를 보시한다면 그 복이 얼마나 크겠느냐?"

수보리는 말합니다.

"부처님, 말로 다할 수 없이 큰 복이겠습니다."

그런데 부처님께서는 이어 말씀하십니다.

"하지만 어떤 사람이 이《금강경》의 네 글귀만이라도 마음속에 지니고, 남을 위해 그것을 전한다면, 그 사람이 받는 복은 온 우주를 칠보로 가득 채워 보시한 사람보다도 더 크다."

우리는 흔히 좋은 일을 많이 하면 복이 쌓인다고 생각합니다.

그래서 보시도 하고, 봉사도 하고, 누군가를 도와주기도 하지요.

하지만 부처님께서는 그보다 더 중요한 점을 가르치십니다.

마음이 맑아야 합니다. 분별이 없어야 합니다. 무위, 곧 어떤 의도적 작위 없이 순수한 마음으로 살아가야 합니다.

세상엔 두 가지 복이 있습니다. 하나는 유루복입니다. 유루(有漏)란 '샌다'는 뜻입니다. 아무리 큰 보시를 해도 마음속에 탐욕이나 분별, 시비가 남아 있으면 그 복은 매일매일 새어 나갑니다. 채우면 새는 물항아리와 같습니다.

반대로 무루복(無漏福)이 있습니다. 무루는 '새지 않는다'는 뜻입니다. 분별심이 없고 '내가 주었다, 너는 받았다'는 계산이 없이 살아간다면 그 복은 절대 새지 않습니다.

마음이 텅 비고 고요할수록 복은 저절로 쌓입니다. 이 무루복이 바로 오늘 말하는 무위복승입니다.

어떤 것도 의도하지 않고, 나를 내세우지 않으며, 분별없이 순수한 자비심으로 살아가는 것. 그것이 진짜 복입니다.

햇빛은 모든 생명을 비추고, 강물은 갈증을 해소시키며, 구름은 비를 내리고, 바다는 바람과 물을 순환시킵니다.

자연은 단 한 번도 "내가 주었다"고 말하지 않습니다. 보시를 했다고 생각조차 하지 않습니다.

그러나 그 순환 안에서 모든 생명은 서로를 살리고 또 살아갑니다.

그런데 오직 인간만이 이렇게 생각합니다.

"내가 줬다."

"얼마를 줬다."

"내가 손해를 봤다."

이렇게 분별하고 따지고 비교하지요. 그래서 인간의 복은 자주 샙니다.

불교에서 말하는 보시란, '주는 것'이 아니라 살아가는 방식입니다.

보시 없이 살아가는 생명체는 없습니다. 숨을 쉬는 것조차 이 우주와의 순환 속에서 이루어지는 일이니까요.

그래서 보시를 했느냐 안 했느냐, 얼마를 했느냐는 중요하지 않습니다.

오히려 그 마음이 분별을 떠났느냐, '나'라는 생각에서 벗어났느냐가 더 중요합니다.

부처님께서는 말씀하십니다.

갠지스강의 모래 숫자만큼 많은 우주에 칠보를 가득 채워 보시하는 것도 크지만, 《금강경》의 네 글귀만이라도 마음 깊이 새기고, 그 가르침을 남들에게 전해 주는 것은 그보다 훨씬 큰 복이라고요.

왜냐하면 그것은 무위의 복, 즉 마음이 일으킨 복이기 때문입니다.

분별이 없는 복, 집착이 없는 복, 시비가 없는 복, 그런 복은 새지 않고 쌓입니다.

무위복승이란, 마음이 고요한 자에게 저절로 오는 복입니다.

남을 돕는 것도, 나를 비우는 것도, '나'와 '너'의 경계를 잊고 함께 살아가는 것. 그것이 바로 무루복이요, 참된 보시입니다.

자연처럼, 아무 말 없이, 아무 계산 없이 그저 흘러가는 복, 그것이 바로 가장 큰 복입니다.

12 ─── 존중정교분 尊重正教分

**《금강경》을
존중한다**

어느 날, 부처님께서 다시 수보리에게 말씀하십니다.

"수보리야, 이《금강경》이 있는 곳을 결코 가볍게 보지 말아라."

부처님은 강조하십니다.

"설령 누군가가 이 경전 전체를 설하지 않더라도, 단 네 구절, 짧은 한 게송만 설하더라도 그 자리는 곧 성스러운 곳이 된다.

바로 그곳은 탑과 절처럼 신성한 공간이니, 하늘의 존재들인 천인(天人), 사람들, 아수라(阿修羅, 강한 욕망과 분노에 사로잡힌 존재)들까지도 그곳에 예를 올리고 공양을 바쳐야 마땅하다."

이 말씀은 분명합니다.

《금강경》은 단순한 글자가 아니라, 살아 있는 부처님 그 자체라는 뜻입니다.

책 속의 문장이 아니라, 바로 지금 이 순간에도 우리 마음을 꿰뚫는 부처님의 현존이라는 것입니다.

그렇다면, 이 경을 단순히 소리 내어 읽는 것만으로도 그 자리는 이미 '불국토'가 됩니다.

정말 그러하다면, 그 가르침을 마음으로 깊이 받아들이고 삶 속에서 그대로 살아내는 사람은 어떠한 경지에 이르게 될까요?

부처님은 이렇게 말씀하십니다.

"하물며 이 경을 자신의 삶 속에서 받아들이고, 마음 깊이 새기며 실천하는 사람은 어떻겠느냐? 그는 바로 최고의 가르침을 따르고, 최상의 수행을 이룬 사람이다."

여기서 '최상의 수행'이란, 그 어떤 도량에서 고행하거나, 무수한 경전을 달달 외는 것을 말하지 않습니다.

자신의 일상에서 한 구절의 진리를 품고 살아가는 것, 그것이 진정한 수행이라는 뜻입니다.

이렇게 볼 때, 우리가 이《금강경》을 존중하고 간직하며 실천한다는 것은, 부처님을 눈앞에서 뵙는 것과 다르지 않습니다.

부처님께서 설하신 이 '정법(正法)'을 마음으로 받들고 몸으로 살아가는 것―그것이 바로《금강경》을 존중하는 참된 자세입니다.

13 ──── 여법수지분 如法受持分

**법을 법답게
받아 지니는 것**

수보리는 부처님께 여쭙습니다.

"세존이시여, 이 경은 어떤 이름으로 불러야 하며, 또 어떻게 받아 지니고 살아가야 하겠습니까?"

이 물음은 단순한 호기심에서 나온 것이 아닙니다. 수보리는 부처님의 가르침이 그저 말에 그치는것이 아니라, 이름과 실천의 관계 안에서 어떻게 살아 숨 쉬어야 하는지를 묻고 있는 것입니다.

이미 제3분 '대승정종분'에서 이 경의 중심 사상은 밝혀졌습니다.

그러나 중생은 끊임없이 의심하고 분별합니다.

그래서 수보리는 그 중생의 마음을 대신해 다시 묻고 또 묻습니다.

부처님께서 말씀하십니다.

"수보리야, 이 경의 이름은 '금강반야바라밀경'이라 하라. 그리고 너는 이 이름 그대로 받아 지니고, 실천하여라."

'금강(金剛)'이란 무엇보다도 단단하여 그 어떤 것도 부수고 꿰뚫을 수 있는 힘입니다. 이 경은 바로 그 금강과 같은 지혜로 우리 마음 깊숙이 자리 잡은 '나'라는 생각, 겉으로 보이는 세상과 법(法)에 대한 집착을 산산이 허물어뜨립니다.

'반야(般若)'는 모든 존재의 참모습을 꿰뚫어보는 지혜이며, '바라밀(波羅蜜)'은 그 지혜를 바탕으로 건너야 할 생사의 강을 건너, 저 언덕, 곧 해탈과 자유의 경지에 이르는 완성을 뜻합니다.

그러므로 '금강반야바라밀'이란 세상을 있는 그대로 바라보는 단단한 지혜요, 그 지혜로 자유롭게 놓아버리는 길이며, 그 길의 끝에서 도달하는 완전한 열반입니다.

하지만 부처님은 이어 말씀하십니다.

"내가 말하는 '반야바라밀'은 진짜 반야바라밀이 아니며, 다만 그렇게 이름 붙인 것일 뿐이다."

진리는 이름으로 붙잡을 수 없습니다. 이름이 붙는 순간, 그 본래의 무한한 자유로움은 언어와 분별의 그물 속에 걸려버립니다.

이것은 마치 이렇습니다. 진정으로 착한 사람은 스스로 착하다고 하지 않습니다. 그 사람과 함께한 이들이 느낄 뿐입니다.

지혜도 마찬가지입니다. 말로는 다할 수 없지만, 이미 그 자리에 머무르고 있는 것, 그것이 참된 지혜입니다.

부처님께서 수보리에게 다시 물으십니다.

"수보리야, 내가 설법한 적이 있다고 생각하느냐?"

수보리는 고개를 숙이며 대답합니다.

"아닙니다, 세존이시여. 부처님께서는 설법하신 적이 없습니다."

진리는 어떤 말이나 글로도 완전히 담을 수 없습니다. 부처님의 참된 가르침은 말 너머에서 흐르고 있었고, 수보리는 그것을 꿰뚫어 본 것입니다.

부처님께서는 이어서 묻습니다.

"수보리야, 삼천대천세계에 미진(微塵)이 많으냐?"

"많습니다, 세존이시여."

"그러나 수보리야, 그 미진은 진정한 미진이 아니며 다만 그렇게 부를 뿐이다. 세계도 참된 세계가 아니며, 단지 그렇게 이름 붙였을 뿐이다."

'미진'은 존재의 가장 작은 단위, 말하자면 티끌보다도 미세한 입자입니다. 우리가 실재라고 믿는 이 세계조차 그 미진처럼 허망하고 조건 따라 생겨났다가 사라지는 것.

모든 것은 의식이 만든 이름이며, 그 이름은 고정된 실체가 아니라 인연 따라 흩어지는 흐름일 뿐입니다. 우리는 그 흐름 위에 선을 긋고, 이름을 붙이고, 그것이 진짜라 믿지만 참된 진리는 그 이름이 생기기 이전, 분별이 생기기 이전, 이미 그 자리에 있었던 것입니다.

부처님은 다시 묻습니다.

"수보리야, 32상으로 여래를 볼 수 있겠느냐?"

"아닙니다, 세존이시여. 32상으로 여래를 볼 수 없습니다."

32상은 고대 인도에서 위대한 존재에게 나타난다고 여겨진 신체적 특징들입니다.

부처님께 그러한 형상이 있었다 하더라도, 그것은 진리를 담는 그릇이 아니라 인연 따라 나타난 그림자에 불과합니다.

불성(佛性)은 형상으로 잡히지 않습니다. 보이는 것에 속지 않고 보이지 않는 참됨을 꿰뚫어보는 것, 그것이 지혜입니다.

마지막으로 부처님은 이렇게 비유하십니다.

"어떤 이가 갠지스강의 모래알만큼 많은 몸과 수명을 바쳐 보시하더라도, 또 다른 이가 이 경의 네 글자만이라도 깊이 받아 지니고 외우며 실천하고, 다른 이에게 전해 준다면 그 공덕이 훨씬 더 크다."

겉으로 드러나는 보시도 물론 귀합니다. 하지만 이 경의 지혜를 온몸으로 살아내고 그 가르침을 다른 이에게 마음으로 전하는 일은 그 어떤 물질적 보시보다 더 깊고 더 넓은 공덕을 이룹니다.

여법하게 수지한다는 것. 금강반야바라밀경을 여법(如法)하게 수지한다는 것은 그저 암송하고 외우는 데 그치는 것이 아닙니다.

그 뜻을 마음 깊이 받아들이고, 그 가르침을 삶 속에서 살아내는 것입니다. 말에만 기대지 않고, 몸과 마음으로 실천하는 것.

지식으로 아는 것이 아니라 지혜로 살아가는 것. 바로 그것이 《금강경》이 말하는 '여법수지'의 참된 의미입니다.

14 ──── 이상적멸분 離相寂滅分

**모든 형상에서
벗어난 고요함**

 수보리는 부처님의 말씀을 조용히 듣고 있었습니다. 그 가르침은 바람처럼 맑고 깊어, 말 한마디 없이 가슴 깊은 곳을 울렸습니다. 그는 결국 눈물을 흘리며 흐느끼듯 부처님께 고백했습니다.

 "세존이시여, 이처럼 고요하고도 깊은 말씀은 여태껏 들어본 적이 없습니다. 만약 어떤 이가 이 경전을 듣고 시비하거나 따지지 않으며, 그저 고요히 받아들일 수 있다면, 그 사람은 정말 귀한 인연을 지닌 이입니다. 그런 마음엔 말로 표현할 수 없는 큰 공덕이 깃들어 있습니다."

수보리는 이 가르침이 어쩌면 진리를 말하지 않는 것처럼 들릴 수 있지만, 오히려 그렇기 때문에 더 진실하다고 말합니다.

왜냐하면 진리란 따지고 분석해서 얻는 것이 아니라, 판단과 분별을 내려놓을 때 비로소 드러나기 때문입니다.

우리는 흔히 눈에 보이는 것, 귀에 들리는 것에 '좋다', '싫다', '예쁘다', '미워' 하며 판단을 합니다. 그런 마음을 부처님께서는 헛된 생각, 곧 분별망상이라고 하셨습니다.

이러한 분별이 사라진 자리가 바로 고요한 본래의 마음이며, 그것을 '적멸(寂滅)'이라고 합니다.

수보리는 마음을 다해 말합니다.

"부처님, 저는 이 경전을 진심으로 받아들이고, 그 가르침을 삶 속에서 실천해보려 합니다.

하지만 훗날 오랜 시간이 흐른 뒤, 누군가 이 경전을 듣고 믿으며 실천까지 한다면, 그 사람은 정말 대단한 이입니다.

왜냐하면 그는 헛된 생각에 휘둘리지 않기 때문입니다. 그는 '부처'라 불릴 만한 사람입니다."

이 말은 이렇게도 들립니다. 자기 중심의 욕심과 판단을 내려놓은 이, 그 사람이야말로 깨어난 이, 즉 부처라는 뜻입니다.

이에 부처님께서 말씀하십니다.

"그렇다, 수보리야. 이 경전을 듣고도 마음이 흔들리지 않고, 두려움 없이 받아들이는 이는 참으로 귀한 존재다. 진정한 지혜는 '내가 지혜롭다'는 생각조차 없는 지혜다."

스스로를 지혜롭다 여기거나 무언가를 '얻었다'고 생각하는 그 마음엔 이미 집착이 자라고 있습니다. 진짜 지혜는 조용히 흐르고, 그 자체로 맑은 물처럼 모든 것을 비춥니다.

부처님은 또 말씀하십니다.

"참된 인내심도 마찬가지다. 그저 참는 것이 아니라, '참아야지' 하는 생각조차 없이 있는 그대로를 받아들이는 것이다."

예전에 부처님께서 한 수행자였을 때, 몸이 찢기는 고통을 겪은 적이 있었습니다. 그 순간조차 '아프다', '억울하다'는 생각 없이 고요히 그 상황을 받아들이셨습니다. 그것이 바로 자비로운 인내심, 참된 인욕입니다.

그리고 부처님은 보살의 마음가짐에 대해 말씀하십니다.

"보살은 헛된 생각을 멀리하고, 진실하고 자비로운 마음을 내야 한다. 세상의 색깔, 소리, 냄새, 맛, 감촉 같은 것에 끌려가지 않아야 한다. 그것들은 고정된 실체가 없는, 마음이 만들어낸 그림자일 뿐이다."

무언가를 꼭 쥐려 하거나, 미워하고 밀쳐내려는 그 마음이 생기는 순간, 고통이 생기고 마음은 갈라집니다.

하지만 이 모든 것이 잠시 머물다 가는 인연임을 알게

되면, 마음은 자연스럽게 가벼워지고 자유로워집니다.

그래서 부처님께서는 무엇에도 얽매이지 않고 베푸는 '무주상 보시'를 말씀하셨습니다.

어떤 기대도 없이, 그저 필요한 사람에게 마음을 내어주는 것. 그것이 가장 맑고 밝은 보시입니다.

부처님은 다시 한 번 강조하십니다.

"중생이라는 이름도 고정된 것이 아니다. 중생은 끊임없이 변하기 때문에, 실체가 아니라 인연 따라 생겨나는 그림자에 불과하다."

그리고 이어서 말씀하십니다.

"내가 설한 이 가르침은 참되고, 속이지 않으며, 앞뒤가 다르지 않고, 언제나 그대로다. 하지만 이 가르침조차도 진짜라고도, 헛것이라고도 할 수 없다. 왜냐하면, 모든 것은 끊임없이 변하기 때문이다."

끝으로 부처님께서는 이렇게 말씀하십니다.

"수보리야, 만약 어떤 이가 이 경전을 읽고, 외우고, 간직하며 그 뜻을 따라 살아간다면, 여래는 그 사람을 분명히 본다. 그는 이미 셀 수 없는 공덕을 지닌 이며, 부처의 길을 걷고 있는 사람이다."

15 ─── 지경공덕분 持經功德分

몸과 마음으로
경을 지닌 자의 공덕

 한 번 상상해보십시오. 어떤 이가 하루 세 번, 아침 점심 저녁마다 셀 수 없이 많은 몸을 지닌 채, 그 모든 몸으로 보시를 행한다면 어떻겠습니까.

 그 몸의 수가 갠지스강의 모래알처럼 많고, 그 보시가 한두 번이 아니라 무량한 세월 동안 끊임없이 이어진다면, 그 정성과 희생은 정말로 말로 다할 수 없는 위대한 일일 것입니다.

그런데 부처님께서는 조용히 수보리에게 말씀하십니다.

"수보리야, 어떤 선남자나 선여인이 이《금강경》의 단 한 구절이라도 듣고 의심 없이 바르게 믿는다면, 그 공덕은 앞서 말한 모든 보시보다 더 크다."

그렇다면 한 번 생각해 보시기 바랍니다. 이 경을 직접 써서 간직하고, 자주 읽고 외우며, 더 나아가 남에게 설명하고 전할 수 있다면 그 사람의 공덕은 얼마나 깊고 넓겠습니까.

그것은 말로 설명할 수 없고, 생각으로도 헤아릴 수 없는 자리입니다.

《금강경》한 구절을 마음 깊이 새긴다는 건, 작은 씨앗 하나를 조용히 심는 일과도 같습니다. 그 씨앗은 눈에 띄지 않지만, 바람이 불고 비가 내리는 어느 날, 문득 잎을 틔우고, 꽃을 피우며, 삶 전체를 바꾸는 힘이 됩니다.

씨앗을 심는 이는 몰라도, 그 씨앗은 알고 있습니다. 언제 피어날지를. 언제 꽃이 될지를.

경 한 구절을 받아 지닌다는 건 바로 그런 일입니다.

이 《금강경》은 단지 글귀가 아닙니다. 그 안에는 헤아릴 수 없는 공덕이 담겨 있으며, 참된 깨달음의 씨앗이 살아 있습니다.

여래께서 이 경을 설하신 것도, 사람들을 단순히 감동시키기 위함이 아니었습니다. 진리를 갈망하는 이들, 참된 깨달음을 향해 나아가고자 하는 이들을 위해 부처님께서는 이 경을 남기신 것입니다.

그래서 이 경을 실천하는 자, 곧 받아 지니고, 읽고 외우며, 또 다른 사람에게 널리 전하는 자에 대해 부처님께서는 결코 등을 돌리지 않으십니다.

오히려 그 사람을 깊이 이해하시고, 그 마음 안에 무한한 공덕의 씨앗을 심어 주십니다.

그 사람은 언젠가 조용히 이렇게 다짐할지도 모릅니다.

"나도 언젠가 부처가 되리라."

그 다짐은 겉으로 드러나진 않아도 그의 삶을 이끄는 깊은 등불이 되어 한 걸음, 한 걸음 참된 길로 나아가게

해 줄 것입니다.

"그러나 수보리야, 만약 어떤 이가 믿음 없이 머뭇거리며, 이 말이 진리인지 아닌지 끊임없이 의심하며 분별심에 휘둘린다면 그 사람은 결국 허망한 망상 속에서 길을 잃고 말 것이다.

그는 《금강경》의 참뜻을 알지 못하고, 이 경을 통해 누구도 인도할 수 없을 것이다."

이 《금강경》은 살아 있는 법문입니다. 이 경이 전해지는 그곳은 곧 부처님의 법신이 깃든 자리요, 깨달음의 탑이 세워진 곳입니다.

(※ 여기서 법신이란, 부처님의 몸 가운데 '진리 그 자체인 모습'을 말합니다. 눈에 보이지 않지만, 언제 어디서든 깨어 있는 지혜로 함께하는 부처님의 참모습입니다.)

이 경이 놓인 그 자리가 어디든 인간이든, 하늘의 존재이든, 혹은 복을 지녔으나 마음속에 다툼과 분노를 안고 사는 아수라와 같은 존재일지라도 모두 마땅히 합장하고 예경하며, 향과 꽃을 바쳐 공양해야 합니다. 왜냐하면, 이 《금강경》은 그 자체로 참된 불탑이며, 깨달음이 머무는 자리이기 때문입니다.

16 ─── 능정업장분 能淨業障分

업이
녹는 자리

 살다 보면 억울한 일을 당하기도 합니다. 열심히 살아왔는데도 불구하고, 왜 나만 이런 시련을 겪는가 싶을 때가 있습니다. 사람들은 흔히 그런 상황을 두고 "운이 나쁘다"고 말합니다.

 그러나 부처님께서는 그렇게 보지 않으십니다. 부처님께서는 수보리에게 조용히 말씀하십니다.

 "수보리야, 만약 어떤 이가 이《금강경》을 온 마음으로 받아 지니고 실천하고 있음에도 세상으로부터 조롱과 멸시를 받는다면, 그 사람은 분명 전생에 무거운 죄업을 지은 사람이다. 그러나 이 생에서 그 멸시와 모욕을 겪는 그 순간, 그의 업장은 사라지고 맑아질 것이다."

이 얼마나 깊고 자비로운 말씀입니까.

우리는 억울하고 고통스러운 일을 당하면 대개 '불공평하다'고 생각합니다.

그러나 부처님께서는 오히려 그 괴로움의 순간이야말로 정화가 일어나는 자리라고 하십니다.

여기서 말하는 '업(業)'이란, 우리가 과거에 지은 모든 행위 — 곧 몸으로 한 일, 말로 한 말, 마음으로 품은 생각 — 들이 쌓인 결과물을 말합니다. 그 업이 시간이 지나며 열매처럼 드러나 현실의 경험이 됩니다.

그리고 '업장(業障)'이란, 그 업의 무게 때문에 마음이 흐려지고, 진리로 가는 길을 가로막는 장애물 같은 것입니다.

하지만 그 장애는 고통을 통해 서서히 녹아내릴 수 있

으며, 그 순간은 괴로움이 아니라 해탈로 가는 문턱일 수 있습니다.

지금의 고통은 과거로부터 이어진 업이 녹아 없어지고 있는 증거라는 것입니다.

누구도 완벽한 삶을 살아온 사람은 없습니다. 그렇기에 이 《금강경》의 가르침은 우리 모두에게 해당합니다.

지금 이 순간, 내가 누군가에게 외면당하고 있다면, 또는 이해받지 못하고 있다면 그것은 내가 과거의 업장을 태워 없애는 중이라는 뜻일 수 있습니다.

그 사실을 모르는 건, 어쩌면 나 자신뿐일지도 모릅니다.

부처님께서는 이어 자신의 과거를 들려주십니다.

"내가 예로부터 연등불 부처님을 만나기 전,

(※ 연등불 부처님은 석가모니 부처님보다 앞선 과거의 부처님입니다.)

수많은 부처님들께 공양하고 섬긴 적이 있었지만, 그 모든 공덕을 지금 이 《금강경》을 외우고 실천하는 공덕과 비교하면 천만억 분의 일에도 미치지 못하노라."

이 얼마나 놀라운 고백입니까. 세상의 스승 중에 스승이신 부처님께서 자신이 쌓아온 지난 공덕조차 《금강경》을 실천하는 공덕에 미치지 못한다고 하십니다.

그 이유는 단 하나, 이 경을 지니고 실천하는 자의 마음 안에는 이미 깨달음의 씨앗이 자라고 있기 때문입니다.

《금강경》은 단순히 외워야 할 책이 아닙니다. 그 안에는 업을 녹이는 길이 있으며, 마음을 고요하게 하는 길, 그리고 완전한 깨달음으로 향하는 문이 담겨 있습니다.

그 문은 화려하지 않습니다. 눈에 잘 띄지도 않습니다. 오히려 조용하고 낮으며, 겸손한 자만이 찾을 수 있는 길목에 있습니다.

부처님께서는 마지막으로 이렇게 말씀하십니다.

"수보리야, 내가 이 경의 공덕을 다른 사람에게 설명하면, 그 사람은 아마도 놀라고 의심할 것이다. 마치 여우가 항상 조심하고 경계하듯이. 그러나 마땅히 알아야 할지니, 이 경에서 비롯된 행위의 결과는, 그 누구도 헤아릴 수 없는, 깊고 신비로운 것이다."

부처님께서 우리에게 전하고자 하신 메시지는 명확합니다.

겸손한 마음으로, 의심을 넘어, 실천으로 나아가십시오.

그러면 지금의 고통은 단지 괴로움이 아니라, 업이 녹아내리는 정화의 순간이 되며, 그 길을 따르는 당신은 이미 깨달음의 문 앞에 서 있는 자가 된 것입니다.

17 ─── 구경무아분 究竟無我分

참된 깨달음엔
'얻을 나'도 없다

"세존이시여, 선남자와 선여인이 진정한 깨달음을 향한 마음을 낸다면, 그들은 어떤 마음가짐으로 살아야 하며, 어떻게 해야 번뇌를 이겨내고 바른 마음을 가질 수 있겠습니까?"

수보리의 물음이었습니다. 그는 실천하는 사람의 마음을 묻고 있었습니다.

부처님께서 대답하십니다.

"수보리야, 만약 어떤 이가 진정한 깨달음을 향한 마음을 낸다면, 그는 이렇게 마음먹어야 하느니라. '내가 일체 중생을 모두 해탈에 이르게 하더라도, 해탈된 중생은 실로 없도다.'"

이 말씀은 참으로 기이합니다. 수많은 중생을 해탈시켜 놓고도, 해탈된 중생은 '없다'고 하시니 말입니다.

부처님께서는 이어 말씀하십니다.

"왜냐하면 수보리야, 만약 보살이 중생이라는 실체가 있다고 여기고, 분별하고 헤아린다면 그는 보살이 아니다. 진정한 깨달음을 향한 그 '마음' 자체도 실체가 아니다. 그러니 그러한 마음을 낸다 하여도, 그 마음 또한 얻은 바 없는 공한 것이다."

이때 부처님께서 수보리에게 다시 물으십니다.

"수보리야, 내가 과거 연등불 부처님 앞에서 깨달음을 향한 마음을 얻은 적이 있느냐?"

수보리는 곧장 대답합니다.

"없습니다, 세존이시여. 부처님께서는 연등불 처소에

서 깨달음을 향한 '법'을 얻은 바가 없습니다. 제가 부처님의 가르침을 이해하기로도, 부처님은 그 어떤 실체 있는 법도 얻지 않으셨습니다."

부처님께서 고개를 끄덕이며 말씀하십니다.

"그렇다, 수보리야. 내가 깨달음을 얻었다고 할 만한 어떤 법도 얻은 적이 없다. 만약 내가 어떤 법을 얻었다면, 연등불 부처님께서 나에게 미래에 '석가모니'라는 이름으로 부처가 될 것이라고 수기하지 않으셨을 것이다. 깨달음이란 얻은 바 없는 것, 텅 비어 있는 것이기에, 그분은 나에게 부처가 될 것이라 수기하신 것이다."

"수보리야, 여래라 하는 것은, 있는 그대로를 여실히 본 이다. 만약 누군가가 '부처님은 깨달음을 얻었다'고 말한다면, 그는 부처를 모르는 것이다. 왜냐하면 부처가 얻은 그 깨달음 가운데는 실체도 없고, 허상도 없기 때문이다."

진정한 깨달음이란, 마치 흐르는 물과도 같습니다. 물은 자신이 흘러간다고 말하지 않습니다.

그러나 그 물길을 따라 목마른 이가 살고, 씨앗이 자라며, 세상은 조용히 변화합니다.

보살이란 바로 그 물처럼 도움의 마음을 흘려보내되, 그 도움을 이름 짓지 않는 이입니다.

"그러므로 내가 말한 모든 법은 불법이며, 세상의 모든 것은 부처님의 가르침이다. 다만 '모든 것'이라고 이름 붙여졌을 뿐, 그 모든 것은 언제나 변하고 흐르기 때문에, 그 안에 붙잡을 만한 실체는 없고, 그래서 우리는 그것을 공(空)이라 하고 무아(無我)라 한다."

"수보리야, 비유를 들어 보자. 사람의 몸이 크다고 말할 때, 그것은 실제 몸이 크다는 뜻이 아니라, 단지 '크다'는 이름이 붙은 것일 뿐이다."

"보살도 마찬가지이다. 만약 어떤 이가 '내가 많은 중생을 해탈에 이르게 하겠다'고 한다면, 그는 참된 보살이라 할 수 없다. 왜냐하면 보살이라 이름할 만한 그 어떤 실체도 없기 때문이다."

"또한, 어떤 이가 '나는 반드시 불국토를 만들겠다'고

한다면, 그 또한 보살이라 할 수 없다. 왜냐하면 여래가 말한 불국토란 실체가 아니라, 그저 이름 붙여진 '불국토'일 뿐이기 때문이다."

"그러므로 수보리야, 만약 어떤 보살이 분별이 없고 시비심이 없는 법에 통달했다면, 그를 여래는 참된 보살이라 부를 것이니라."

18 ── 일체동관분 一體同觀分

**마음이 마음이
아닌 이유**

 우리가 이 세상을 본다고 할 때, 보는 방식은 한 가지가 아닙니다.

 부처님께서는 그 '보는 눈'을 다섯 가지로 설명하셨습니다. 이를 오안(五眼)이라 합니다.

- 육안 : 우리가 평소에 쓰는 눈입니다. 눈에 보이는 것만 봅니다.

- 천안 : 사람의 생과 죽음처럼, 보통은 보이지 않는 흐름을 꿰뚫어봅니다.
- 혜안 : 무엇이 진짜이고, 무엇이 헛된지를 가려보는 지혜의 눈입니다.
- 법안 : 모든 일이 서로 얽혀 있고, 하나만으로는 설명되지 않음을 꿰뚫어봅니다.
- 불안 : 부처님의 눈입니다. 어떤 차별도 없이, 모든 것을 고르게 봅니다.

이 불안이 바로 '일체동관(一體同觀)'의 시선입니다.

어느 날, 부처님께서 수보리에게 물으셨습니다.

"수보리야, 여래에게는 육안과 천안, 혜안과 법안, 불안이 다 갖추어져 있느냐?"

수보리는 고개를 끄덕이며 대답합니다.

"예, 세존이시여. 부처님께서는 다섯 가지 눈을 모두 갖추고 계십니다."

부처님께서는 다시 물으셨습니다.

"수보리야, 네 생각은 어떠하냐? 갠지스강에 많은 모래가 있지 않느냐?"

"예, 있습니다. 부처님."

"그 갠지스강의 모래에 대해, 여래가 언급한 적이 있었느냐?"

"예, 그렇습니다. 부처님께서 그 모래에 대해 말씀하신 적이 있습니다."

부처님께서 다시 수보리에게 물으셨습니다.

"그렇다면 수보리야, 만약 그 갠지스강의 모래알 수만큼 또 다른 갠지스강이 있다고 한다면 어떠하겠느냐? 그리고 그 모든 강마다 또다시 그 모래알 수만큼의 불세계가 존재한다고 하면, 그 불세계는 참으로 많지 않겠느냐?"

수보리는 두 눈을 감고 고개를 끄덕였습니다.

"부처님이시여, 너무도 많습니다. 이루 헤아릴 수 없습니다."

그때 부처님께서 조용히 말씀하셨습니다.

"수보리야, 저 무수한 국토마다 살아가는 중생들의 마음을 여래는 다 알고 있느니라. 그러나 수보리야, 여래가 말하는 '마음'이란 실로 마음이 아니며, 다만 이름으로서의 '마음'일 뿐이다."

부처님께서 말씀하신 마음은, 우리가 평소 생각하는 마음이 아닙니다. 슬프다, 기쁘다, 원망스럽다, 아쉽다 같은 감정이나, 이건 옳다 저건 나쁘다 같은 생각처럼 붙잡히고 흘러다니는 그런 마음이 아니라는 뜻입니다.

'마음'이라고 부르긴 하지만, 사실은 고정된 실체가 있는 것이 아니고, 그저 그렇게 불린 이름일 뿐입니다.

수보리는 조용히 숨을 고르며 그 말씀을 되새겼습니다.

"과거의 마음도, 현재의 마음도, 미래의 마음도 얻을 수 있는 것이 아니니, 실로 마음이라 이름 붙인 것이 마음일 뿐이다."

우리가 세상에서 사용하는 모든 말은, 사실 어떤 대상을 잠시 가리키기 위해 붙여 놓은 이름일 뿐입니다.

꽃이라고 부르는 것도, 구름이라고 부르는 것도, 그 모양과 색깔, 느낌이 늘 변하듯, 그 이름도 고정된 것이 아닙니다.

이름은 그냥 임시표지판 같은 것이지, 그 대상 자체가 되는 것은 아닙니다.

수보리는 깨달았습니다.

마음이란 얻으려 할수록 사라지는 것이며, 분별없이 바라볼 때 비로소 모든 존재는 다름없이 한눈에 들어옵니다.

이것이 바로 '불안'으로 바라본 세계이고, 일체를 동등하게 보는 안목, 일체동관(一體同觀)입니다.

19 ─── 법계통화분 法界通化分

**복은 흘러넘치되,
바라지 않음에서 온다**

그날도 부처님께서는 수보리에게 조용히 물으셨습니다.

"수보리야, 네 생각은 어떠하냐? 어떤 사람이 삼천대천 세계, 곧 셀 수 없는 세계를 일곱 가지 보배로 가득 채워서 중생들에게 보시한다면, 그 사람은 큰 복을 짓는 것이겠느냐?"

수보리는 주저하지 않고 대답하였습니다.

"예, 부처님. 그 사람은 참으로 큰 보시를 행하였으니,

그에 따른 복덕도 매우 클 것입니다."

그때 부처님께서는 미소를 머금고 말씀하셨습니다.

"수보리야, 만약 그 사람이 복덕을 짓고, 그 결과를 마음속으로 기대하거나 바란다면, 여래는 결코 그 복이 크다고 말하지 않을 것이다. 왜냐하면 복을 짓되, 그에 대한 기대도 분별도 없이 행하였을 때, 그 보시야말로 진정한 복덕이 되기 때문이다."

복을 짓는 것과 복을 바라는 마음은 다릅니다. 겉으로는 똑같은 보시라도, 한 사람은 그것을 바라며, 다른 한 사람은 그것마저도 놓아버립니다.

놓아버린 사람의 보시는 물 한 방울이 바다에 떨어지듯 끝없는 법계로 퍼져나갑니다. 홀로 조용히 가는 길이지만, 그가 가는 곳마다 중생을 이롭게 하고, 머무는 곳마다 공덕이 피어납니다.

기대 없는 복덕은 내가 가진 것을 넘어 '나'라는 생각마저 녹여버리기에 그 복은 더 이상 한 사람의 것이 아니라 온 세상 전체에 스며들고, 모든 중생에게 작용합니다.

향기 나는 꽃 한 송이를 떠올려 보십시오. 그 꽃은 아무 말도 하지 않지만, 그저 자기 자리에 피어 있을 뿐인데, 그 향기는 바람을 타고 사방으로 스며듭니다. 누가 맡든, 어디로 퍼지든 상관하지 않습니다. 그 향은 스스로를 주장하지 않기에 더 멀리, 더 깊이 전해집니다.

기대하지 않는 자비의 행도 이와 같습니다. 그것은 말없이 피어나 세상 곳곳을 적시고, 보는 이마다, 머무는 이마다 저절로 복을 입게 합니다.

이것이 바로 법계통화(法界通化), 즉 자비로운 마음이 온 세상 어디에나 자연스럽게 퍼져 나가는 길입니다.

20 ── 이색이상분 離色離相分

눈에 보이는 것에
얽매이지 말라

부처님께서 수보리에게 물으셨습니다.

"수보리야, 너의 생각은 어떠하냐? 여래를 팔십종호상(八十種好相)으로 갖춘 몸으로 볼 수 있겠느냐?"

수보리는 조용히 고개를 저으며 말합니다.

"아닙니다, 부처님. 여래는 그와 같은 형상으로는 볼 수 없습니다."

여기서 말하는 팔십종호상(八十種好相)이란, 삼십이상

(三十二相)을 더 세분화한 세부적인 특징들로, 부처님의 몸에서 뿜어져 나오는 아름답고 청정한 모습들을 가리킵니다.

걸음걸이, 눈빛, 미소, 손가락의 균형, 음성의 부드러움 등 모든 세세한 동작과 형태에서 자비와 위엄이 드러나는 것이며, 이 모든 '호상(好相)'은 눈에 보이는 아름다움 이상의, 존재 전체에서 풍겨 나오는 거룩함을 표현하려 한 것입니다.

부처님은 이어서 다시 물으십니다.

"그렇다면 삼십이대인상(三十二大人相)으로는 볼 수 있겠느냐?"

수보리는 똑같이 대답합니다.

"그것으로도 여래를 볼 수는 없습니다."

삼십이상(三十二相), 이것은 고대 인도에서 이상적인 성군(聖君)이나 위대한 인물의 몸에 나타난다고 여겨진 32가지 상징적인 신체 특징입니다. 준수한 외모, 빼어난 키, 가지런한 치아, 곧은 코, 넓은 어깨… 이러한 외형은

당시엔 위대한 존재의 표지라 여겨졌습니다.

하지만 부처님께서는 단호히 말씀하십니다. 그 삼십이상조차도 진짜 부처를 보는 기준이 아니라고. 그저 이름일 뿐이며, 이름이 있다고 해서 실상이 되는 것은 아니라고.

우리는 지금도 비슷한 착각을 자주 합니다. 잘생기고, 키 크고, 말 잘하면 그 사람은 인격도 좋을 것이라는 막연한 기대를 품습니다.

하지만 살아보면 압니다. 겉모양은 겉모양일 뿐, 진짜는 마음 안에 숨겨져 있다는 것을. 겉으로 보기엔 번듯하지만 속은 텅 빈 사람도 많고, 표면은 평범하지만 속은 깊고도 따뜻한 사람도 있습니다.

부처님께서 말씀하신 이색이상(離色離相)은 그 모든 눈에 보이는 외형적 조건에서 벗어나라는 뜻입니다.

여기서 말하는 '색'은 눈에 보이는 겉모습이고, '상'은 그 겉모습을 보고 우리가 마음속으로 만들어낸 이미지나 판단입니다. 즉, 실제보다 우리가 만든 생각이 더 크고, 그 생각이 진실처럼 굳어지는 것이지요.

보이는 것, 이름 붙인 것, 판단된 것은 모두 허망한 것이라는 가르침입니다.

진짜 부처를 보고 싶다면, 그 이름을, 그 형상을 하나하나 놓아야 합니다.

보이는 것으로 보지 않고, 이름 붙인 것으로 규정하지 않으며, 판단하지 않고 그저 있는 그대로를 비추는 그 마음, 바로 거기에 진짜가 숨어 있습니다.

겉모습은 속일 수 있고, 본질은 눈에 보이지 않기에 형상은 믿을 것이 못 되고, 진짜는 드러나지 않은 자리에서 조용히 빛납니다.

이 가르침은 지금 우리 삶에도 유효합니다. 세상이 말하는 기준, 잘생긴 얼굴, 좋은 스펙, 번듯한 태도… 그것들이 진짜의 증거가 아님을 아는 순간, 우리는 비로소 사람을 사람으로 볼 수 있게 됩니다.

이름 아닌 이름, 모양 아닌 모양으로. 그것이 바로, 부처님께서 말씀하신 '이색이상(離色離相)'의 지혜입니다.

21 ─── 비설소설분 非說所說分

**말했지만,
말한 것이 아니다**

부처님께서 수보리에게 말씀하십니다.

"수보리야, 그대는 나 여래가 무언가를 설했다 하고 생각하지 말아라. 그런 생각을 가지지 말아라."

만약 어떤 사람이 "부처님께서 스스로 어떤 가르침을 설하셨다"고 한다면 그것은 부처님을 비방하는 말이요, 부처님의 가르침을 바르게 이해하지 못한 자의 말입니다.

왜일까요?

부처님께서는 이렇게 말씀하십니다.

"설법자 무법 가설 시명 설법(說法者 無法 可說 是名 說法)".

즉, 설법을 한다는 이는 사실 말할 만한 '법(法)'이 없기에 말할 수 없는 그 법을 말하는 것이며, 그것을 바로 '설법'이라 부르는 것입니다.

쉽게 말씀드리면, 진짜 설법은 무언가를 전달하는 것이 아니라, 무언가를 '없앰으로써' 전해지는 것입니다. 자아도 없고, 자아의 대상도 없고, 그 대상에 대한 집착도 없는 자리에서 그저 '비추는' 행위가 있을 뿐입니다.

저희는 말을 통해 무언가를 배우고 싶어 합니다.

하지만 《금강경》은 말합니다. 말은 허상이요, 법이란 이름 붙일 수 없는 것이라고요.

그러므로 참된 설법이란, 그 어떤 견해나 입장을 세우기 위한 말이 아니라, 오히려 모든 견해와 입장을 놓게 만드는 말입니다.

이 말 없는 말, 이 가르침 없는 가르침이 바로 여래의 설법입니다.

이 대목에서 수보리는 걱정스러운 마음으로 부처님께 여쭙습니다.

"세존이시여, 먼 미래에 여래의 말씀이 점차 잊혀져 갈 때, 그래도 부처님의 이 설법을 듣고 눈에 보이지 않는 진리를 두려움 없이 믿고 따르는 이들이 있겠습니까?"

부처님께서 말씀하십니다.

"수보리야, 그들은 진짜 중생도 아니고, 그렇다고 중생이 아닌 것도 아니니라."

이 무슨 기묘한 말씀일까요?

부처님께서는 이어 설명하십니다.

"수보리야, '중생'이라는 것도 하나의 생각일 뿐이다. 실체가 없는 마음의 흐름 속에 '이것이 나다', '네가 있다' 하는 허상이 떠오른 것일 뿐이다. 그래서 나는 그들을 '중생'이라 부른다."

이 얼마나 놀라운 통찰입니까!

우리가 '사람'이라 부르는 것도, '나'라 느끼는 것도, 사실은 일시적인 마음의 분별일 뿐입니다.

그 분별이 머물면 중생이요, 그 분별을 놓으면 법신(法身)입니다.

여기서 법신이란, '이름도 없고 형상도 없는 진실한 존재의 자리'를 말합니다. 어떤 개인으로 국한되지 않고, 모든 존재에 두루 깃든 본래의 빛과 같습니다.

그래서 《금강경》은 말합니다. 설했다 해도 설한 것이 아니고, 있는 듯해도 진실로 있는 것이 아니며, 중생이라 불러도 고정된 중생은 없다고요.

이것이 곧, 말 너머의 말이고, 형상 너머의 진실이며, 가르침 없는 가르침입니다

22 ─── 무법가득분 無法可得分

얻을 수 있는
법은 없다

수보리가 부처님께 여쭙습니다.

"세존이시여, 부처님께서 가장 바르고 완전한 깨달음, 즉 아뇩다라삼막삼보리(阿耨多羅三藐三菩提)를 얻으셨다는 그 법, 그 법을 정말 얻으신 것이 맞습니까?"

부처님께서 말씀하십니다.

"맞다, 수보리야. 그러나 사실 나는 그 어떤 법도 얻은 적이 없다. 심지어 그것이 가장 바르고 완전한 깨달음일

지라도 말이다."

이 말은 얼핏 들으면 모순처럼 들립니다. 부처님은 깨달음을 얻은 분이신데, '얻은 것이 없다'고 말씀하시다니?

하지만 여기에는 깊은 뜻이 담겨 있습니다. 보통 우리는 '얻었다'고 할 때 어디엔가 있는 어떤 '실체 있는 것'을 손에 쥔 것처럼 생각합니다.

그러나 부처님께서 말씀하신 깨달음은 무언가를 붙잡는 일이 아니라, 오히려 그동안 꼭 쥐고 있던 것들을 하나하나 놓아가는 과정입니다. 그것은 얻는 것이 아니라, 비우는 것입니다.

그래서 부처님께서 말씀하십니다.

"내가 얻은 그 법은, 얻을 것이 아무것도 없다는 그 사실 자체이며, 바로 그것이 가장 바르고 완전한 깨달음이다."

말하자면, '무득(無得)', 아무것도 얻을 게 없다는 그 사실을 있는 그대로 알아차리는 것. 그것이 바로 진짜 깨달음이라는 뜻입니다.

우리는 늘 무언가를 얻기 위해 살아갑니다. 지식, 돈, 명예, 사람, 마음… 무언가를 더 채우기 위해, 더 소유하기 위해 분주하게 움직입니다.

심지어 수행마저도 '깨달음을 얻기 위해' 하는 경우가 많습니다.

하지만 부처님은 단호히 말씀하십니다.

얻으려는 마음이 있는 한, 그것은 참된 깨달음이 아니다.

참된 깨달음은 무언가를 얻는 것이 아니라, 모든 얻으려는 마음이 사라진 자리에서 저절로 드러나는 것이다.

이것이 바로 무법가득(無法可得). 얻을 수 있는 법은 없다는 말의 진의입니다.

23 ─── 정심행선분 淨心行善分

**깨끗한 마음으로
선을 행한다**

부처님께서 다시 수보리에게 말씀하셨습니다.

"수보리야, 이 법에는 높고 낮음이 없다. 그래서 이를 가장 바르고 완전한 깨달음을 얻는 법이라고 한다."

이 말씀은 단순히 법의 우열을 말하는 것이 아닙니다. 마음이 일으키는 분별, 그 높고 낮음의 잣대를 근본에서 지우라는 뜻입니다.

법 그 자체에는 본래 귀하고 천한 것이 없습니다. 귀하다고 생각하는 순간 낮은 것이 생기고, 낮다고 여기는 순간 높은 것이 생깁니다.

마음이 먼저 가르고 붙이고 차별하니, 진정한 깨달음은 언제나 그 마음이 쉬는 자리에 있을 수밖에 없습니다.

부처님께서는 이어서 말씀하십니다.

"일체 분별망상이 없이 일체 선법을 닦고서, 가장 바르고 완전한 깨달음을 바로 얻는 것이다."

이 말씀을 처음 들으시면 고개를 갸우뚱하실 수 있습니다. '선법을 닦아야 분별이 없어지는 게 아닌가?' 하고요.

그런데 부처님께서는 거꾸로 말씀하십니다.

분별이 없기 때문에 선법이 가능하다고 하십니다.

다시 말해, 마음속에서 좋고 나쁨, 이익과 손해 같은 계산이 이미 사라진 자리, 그 고요한 마음에서 자연스럽게 흘러나오는 것이 바로 참된 선이라는 것입니다.

무언가를 얻기 위해 애써 닦는 것은 아직 분별이 있는 마음이고, 아직 '나'가 작용하는 자리입니다.

그러나 아무 계산도 없이, 그냥 해야 하니까 하는 것, 그저 옳다고 느껴져서 저절로 나오는 행위, 바로 그것이 진짜 선이라는 말씀입니다.

이는 깨달음을 위한 수행이 계산과 목표를 가진 행위가 아니라, 그 자체가 이미 완성된 자리에서 흘러나와야 함을 뜻합니다.

그러니 선법이란 어떤 결과를 바라고 닦는 것이 아닙니다. 복을 얻기 위해 보시를 하고, 천상에 태어나기 위해 기도를 하는 행위는 세속적 인과의 굴레 안에서 순환할 뿐, 그것이 곧 깨달음으로 이어지는 길은 아닙니다.

부처님께서는 선이란 "과보를 바라는 마음 없이 행해지는 것"이라 하셨습니다.

행위의 동기가 "좋은 결과가 오기를"이라는 기대에서 출발한다면, 그 선은 이미 분별의 그림자를 끌고 있습니다. 그 마음 안에는 '나'라는 주체가 있고, '얻으려는 무엇'이 있고, 그것을 향한 방향이 있으니, 이미 그 마음은 스스로를 부풀리고 계산하며 다음을 기다리고 있습니다.

하지만 진짜 선은 그렇지 않습니다. 마치 한 송이 꽃이 계절이 되면 피어나듯, 누가 보든 말든 자기 향기를 내뿜듯, 선행도 그렇게 피어나는 것입니다.

"나는 지금 착한 일을 한다"고 의식하는 순간, 이미 그 선은 선이 아닙니다.

바른 마음이란 자기 자신을 앞세우지 않고, 선한 행위란 어떤 상에도 머물지 않으며, 얻고자 하는 바가 없기에 도리어 모든 것을 얻습니다.

이처럼 마음은 고요하고 행위는 깨끗합니다. 그 자리는 높고 낮음이 없습니다. 크고 작음이 없습니다. 성공도 실패도 의미가 없습니다.

하였다고 생각하는 순간 '내가 했다'는 자국이 남고, 얻었다고 여기는 순간 그것은 곧 집착이 됩니다.

그러니 진짜 바르고 완전한 깨달음이란, 어떤 계산도 없이, 어떤 상에도 머물지 않는 자리에서, 그저 흐르듯 행하고, 피어나듯 드러나는 것입니다.

사람들은 말합니다. 절을 하면 복이 온다고, 기도하

면 소원이 이루어진다고, 착한 일을 하면 좋은 일이 생긴다고.

틀린 말은 아닙니다. 하지만 그 말 속에는 언제나 무언가를 얻으려는 그림자가 따라다닙니다. 그렇게 얻은 복은 다시 또 잃을 것이 되고, 이루어진 소원은 또 다른 바람을 낳습니다.

그러나 선이란 본래 그런 것이 아닙니다. 어떤 결과를 바라는 것도 아니고, 어떤 상에 머무는 것도 아닙니다. 그 마음에는 '나'도 없고, '얻음'도 없고, '닦음'도 없습니다.

그러니 그것이 바로 선이며, 그것이 바로 깨달음이며, 그것이 바로 무상의 길이요, 가장 바르고 완전한 자리에 이르는 법이라 부처님께서는 말씀하신 것입니다.

24 ─── 복지무비분 福智無比分

보살이 닦은 복과 지혜는
비할 바가 없다

부처님께서 수보리에게 물으셨습니다.

"수보리야, 어떤 사람이 이 세상에 있는 모든 수미산(須彌山)만큼 크고 귀한 보석들을 한 덩이도 남김없이 모아 보시를 한다면, 그 복덕이 얼마나 크겠느냐?"

수보리는 공손히 대답하였습니다.

"세존이시여, 그 복덕은 참으로 크고도 위대하며, 헤아릴 수도 없을 것입니다."

그러자 부처님께서 조용히 고개를 끄덕이시며 말씀하셨습니다.

"그렇지만 말이다. 수보리야, 어떤 이가 이《금강경》또는《금강경》의 네 구절이라도 받들어 마음과 몸으로 실천하고, 그 구절을 기억하고 외우며, 또 누군가를 위해 그것을 풀어 전한다면, 그 사람이 얻게 될 복덕은 앞서 말한 수미산 같은 보물을 다 보시한 공덕보다 더 크고 깊고, 비할 바 없이 뛰어나다."

그리고 부처님께서는 거듭 강조하셨습니다.

"그 복덕은 말로 다할 수 없고, 수치로 계산할 수 없으며, 앞선 보시는 백 분의 일도, 백천만억 분의 일에도 미치지 못한다."

그 말씀 앞에서 우리는 한 가지 의문과 마주하게 됩니다.

'정말 그럴까요?' '산처럼 큰 보물을 나누는 행위보다, 짧은 경 한 줄을 실천하고 설명하는 것이 어떻게 더 큰 복이라는 말씀일까요?'

실제로 세속에서는 막대한 재산을 내어놓는 일을 가장 위대한 선행으로 여깁니다.

하지만 부처님께서는 거듭 우리에게 일러주십니다.

"그 복은 눈에 보이는 크기로 판단되는 것이 아니라, 마음속의 바른 실천과 깨달음에서 비롯된다."

여기서 말씀하시는 《금강경》이란, 단지 글자를 외우는 일이 아닙니다. 그 뜻을 받아들이고, 그 가르침대로 살아가며, 삶으로써 그 말씀을 증명하고, 그 삶을 또 누군가에게 따뜻한 불빛처럼 건네는 일.

바로 그 전하는 마음. 그 살아 있는 실천이야말로 세상 그 어떤 물질보다 더 깊고 귀한 공덕입니다.

왜 그럴까요?

그 까닭은 이렇습니다. 세상의 보물은 나누면 언젠가 줄어듭니다.

하지만 법(法)은 나눌수록 자랍니다. 여기서 말씀하시는 법이란, 사람을 깨우치고, 삶을 맑게 하며, 우리 마음을 바르게 이끄는 가르침입니다. 그 가르침은 전해질수록 빛나고, 그 빛은 또 다른 마음속에 싹을 틔웁니다.

물질을 나누는 복은 언젠가 멈추지만, 법을 나누는 복은 중생들의 마음속에서 끊임없이 피어납니다.

그래서 부처님께서는 그것을 복지무비분(福智無比分), 복도 지혜도, 비할 바 없는 경지라 말씀하신 것입니다.

복은 밖으로 흘러넘치는 금은보화가 아니라, 안으로 피어나는 지혜의 등불입니다.

그 등불을 지닌 사람, 그 등불을 전하는 사람 안에서 부처님의 가르침은 가장 깊고 고요한 향기로 번져갑니다.

25 ─── 화무소화분 化無所化分

**이끌었지만,
이끌린 이는 없다**

"수보리야, 그대는 어떻게 생각하느냐? 여래가 많은 중생을 해탈로 이끌었다고 생각하느냐?"

부처님께서 다시 수보리에게 물으셨습니다. 조용하고 평온한 그 어조 속에는 깊은 의도가 깃들어 있습니다.

수보리는 잠시 머뭇거리지만, 부처님의 뜻을 헤아리려 애씁니다.

부처님께서는 곧 말씀하십니다.

"여래가 해탈시킨 중생은 없느니라. 만약 내가 누군가를 해탈시켰다고 한다면, 그 말은 나에게 분별망상심이 있다는 뜻이 된다. 그러나 여래에게는 그러한 분별망상이 없다."

이 말씀은 얼핏 모순처럼 들릴 수 있습니다. 분명 중생을 위해 설법하고 이끄셨는데, 왜 해탈한 중생이 없다고 하실까요?

부처님께서는 진실을 드러내십니다.

"나 여래가 말하는 '나'란, 실체가 있는 '나'가 아니다. 하지만 사람들은 나를 그런 식으로 생각한다."

그렇습니다. 저희는 스스로 누군가를 가르치고 변화시켰다고 여기고, 또 누군가는 그로 인해 변했다고 믿습니다.

그러나 그 모든 변화는 고정된 어떤 실체가 있어서 일어난 것이 아닙니다. 만남이 있었고, 말이 오갔으며, 그 안에서 울림이 생겼을 뿐입니다.

스승과 제자의 관계도 같습니다. 좋은 스승이 있었다

하여 제자가 바뀌었다고 단정할 수 없습니다. 스승은 말씀하셨을 뿐이고, 제자는 그 말을 듣고 자기 삶에서 조금씩 실천했을 뿐입니다.

또한 길가에 핀 들꽃 하나에 감동을 받아 인생을 바꾸는 이도 있습니다. 그 들꽃이 그 사람을 변화시킨 것이라 말할 수 있을까요?

아닙니다. 다만 인연이 때맞추어 스쳐간 것뿐입니다.

그러니 누가 누구를 진정으로 이끌었다고 말하기 어렵습니다. 그저 인연이 스쳐간 것입니다.

이런 이유로 부처님께서는 "실제로 이끌어진 중생은 없느니라"라고 하십니다.

이 말씀은 냉정한 부정이 아니라, 세상의 모든 변화가 고정된 손으로 끌어당겨지는 것이 아니라 자연스레 흘러가듯 이뤄짐을 보여주는 말씀입니다.

또한 부처님께서 말씀하시는 '여래'는 부처님 자신을 가리키지만, 우리가 흔히 생각하는 '이름 붙일 수 있는 나'가 아닙니다.

사람들은 그분을 그렇게 부르며 생각할 뿐입니다.

정작 그분께서는 자신조차 그렇게 여기지 않으십니다.

그러므로 저희가 "무엇을 바꾸었다, 누구를 구했다"라고 말하는 것도 사실은 이름 붙이기를 좋아하는 우리의 마음이 만들어낸 그림자일 뿐입니다.

진정한 이끌음은 이끄는 이도 없고, 이끌린 이도 없는 자리에서, 자연처럼 일어납니다.

26 ── 법신비상분 法身非相分

**부처님의 진짜 모습은
눈에 보이는 것이 아니다**

"수보리야, 그대는 어떻게 생각하느냐? 삼십이상으로 여래를 볼 수 있겠느냐?"

부처님께서 조용히 물으셨습니다.

수보리는 망설임 없이 대답합니다.

"예, 부처님. 삼십이상으로 여래를 볼 수 있습니다."

그 대답을 들은 부처님께서는 부드럽지만 단호한 말투로 말씀하십니다.

"수보리야, 만약 삼십이상으로 여래를 본다면, 전륜성왕도 곧 여래가 되어야 하지 않겠느냐?"

그제야 수보리는 놀란 듯 고개를 숙입니다. 그리고 곧 고쳐 말합니다.

"세존이시여, 제가 이해하기에는 삼십이상으로는 여래를 볼 수 없습니다."

짧은 문답이었지만, 그 안에는 깨어남의 순간이 담겨 있었습니다. 익숙한 믿음에 기대던 마음이 부처님의 한마디에 스스로를 되돌아보고, 그 자리에서 고요히 전환되었습니다.

그것이 진정한 깨달음의 시작이었습니다.

부처님께서는 그 자리에 게송을 더하십니다.

약이색견아(若以色見我)

이음성구아(以音聲求我)

시인행사도(是人行邪道)

불능견여래(不能見如來)

형상으로 나를 보려는 자, 소리로서 나를 찾으려는 자, 그런 이는 그릇된 길을 걷는 자이니, 여래를 볼 수 없느니라.

겉모습이나 말소리로 부처를 보려 한다면, 그것은 진실의 길이 아닙니다. 진짜는 겉이 아니라, 오히려 아무런 모습도 아닌, 비어 있으나 충만한 그 자리에서 드러납니다. 그것이 바로 '법신비상(法身非相)'의 의미입니다. 법신은 모습이 없는 진리, 모양이 없는 깨달음입니다.

문득 한 분이 떠오릅니다.

이태석 신부님. 부산에서 태어나 의과대학을 졸업하고 군의관까지 지내신 분입니다.

그분이 선택하신 길은 뜻밖이었습니다. 다시 신학을 공부하여 사제가 되셨고, 2001년 가톨릭 사제로 서품된 뒤 자원하여 남수단의 톤즈라는 작은 마을로 향하셨습니다.

그곳은 총성이 멈추지 않는 내전의 땅이었습니다. 하지만 그분은 병원을 세우고 환자들을 돌보셨고, 아이들을 모아 학교를 세우고, 기숙사를 마련하셨습니다.

그리고 거기서 그치지 않으셨습니다. 총 대신 악기를 들려주고 싶으셨던 그분은 한국의 지인들에게 연락해 중고 나팔과 클라리넷, 작은북과 드럼을 모아 달라고 부탁하셨습니다. 옷도, 악기도, 모두 버려질 뻔한 것들이었습니다.

그렇게 톤즈 아이들에겐 낡고 바랜 악기가 하나씩 손에 쥐어졌고, 유니폼이라고는 사이즈도 제각각인 중고 옷들뿐이었지만, 그 누구도 불평하지 않았습니다.

어떤 아이는 팔이 너무 길어 반팔처럼 걷어 입고, 어떤 아이는 바지가 헐렁해 허리춤을 꽉 묶은 채 웃었습니다. 그럼에도 그들은 당당히 악기를 들고 행진했습니다. 그들만의 브라스밴드가 그렇게 시작되었습니다.

그 모습이 TV에 방영되었을 때, 저는 멍하니 바라보았습니다.

아프리카의 그 척박한 병원 텃밭에서 배추를 키워, 한국에서 가져간 된장으로 배춧국을 끓여 드신다고 했습니다.

소금과 된장뿐인 밥상. 그런데 얼굴은 밝으셨습니다. 그 모습이 어찌나 애틋하고 숭고하던지, 가슴이 먹먹해졌습니다.

전쟁터였지만, 그분이 만든 자리에는 소리가 있었고, 배움이 있었고, 사랑과 웃음이 흐르고 있었습니다.

그 모습을 보며 생각했습니다.

'저분은 의사로도 얼마든지 편히 사실 수 있었을 텐데… 왜 굳이 저 먼 땅으로 가셨을까?'

그땐 이해가 되지 않았습니다.

하지만 지금은 압니다. 그분은 이미 전식득지(轉識得智), 즉 '나를 위한 삶'에서 '모두를 위한 삶'으로 자신의 마음을 바꾸신 분이었습니다.

불교식으로 말하면, 깨달은 보살의 삶을 그저 묵묵히 실천하고 계셨던 것입니다.

그리고 그분은 결국 대장암 4기 진단을 받고, 2010년, 서른아홉의 나이로 선종하셨습니다.

병상에 누워서도 기타를 치며 복음성가를 부르셨던 그 모습. 움직일 수 있을 때까지, 그분은 자신을 태우듯, 세상을 밝히고 떠나셨습니다.

저는 이태석 신부님의 겉모습을 기억합니다. 영화에서 보던 단정한 신부복도 아니고, 교황청의 엄정한 분위기나 고운 성구도 없었습니다.

그냥 동네 아저씨 같으셨습니다. 때 묻은 옷, 가난한 방, 빛바랜 침대 시트.

하지만 저는 알 수 있었습니다. 그분 안에는 보이지 않는 법신(法身)이 있었습니다. 그 모습은 색(色)도 아니고, 음성(音聲)도 아니었습니다. 그저 있는 그대로, 그분의 살아온 자취에서 그 어떤 형상보다 밝은 진실이 드러났습니다.

바로 그것이 부처님께서 말씀하신 "법신비상(法身非相)"의 모습이 아니겠습니까.

누군가는 말할지도 모릅니다. '그분은 신부이지, 스님도 아니고 보살도 아니지 않느냐'고.

하지만 저는 이렇게 말씀드리고 싶습니다.

"보살이란 종교의 이름이 아니라, 그 길을 묵묵히 걷는 사람의 삶을 가리키는 말"이라고.

저는 그분 안에서 형상 없는 부처님의 향기를 느꼈습니다.

진짜는 눈에 보이지 않습니다. 하지만 마음이 있다면, 눈을 감고도 볼 수 있습니다.

그렇습니다. 진짜는 '모양'이 아니라 '사람'입니다. 그리고 때로는, 그 '사람'이 가장 깊은 진리를 보여줍니다.

27 ─── 무단무멸분 無斷無滅分

생겨나는 것도 없고,
사라지는 것도 없다

부처님께서 수보리에게 물으셨습니다.

"수보리야, 그대는 여래가 어떤 훌륭한 모습이나 특별한 형상 때문에 가장 바르고 완전한 최고의 깨달음을 얻었다고 생각하느냐?"

수보리는 잠시 고개를 숙이며 침묵합니다. 이미 부처님의 뜻이 어디를 향하는지 마음속으로 느끼고 있었기 때문입니다.

부처님께서는 이어서 말씀하십니다.

"그런 생각을 하지 말아라. 겉모습이나 형상으로는 진정한 깨달음을 얻을 수 없느니라. 깨달음은 눈에 보이는 외형이 아니다."

그리고 다시 물으십니다.

"그렇다면 그대는 여래가 '모든 것이 끊어지고 사라졌다'는 절대적인 끝을 말한다고 생각하느냐?"

부처님께서는 단호히 이어 말씀하십니다.

"그런 생각도 하지 말아라. 진정으로 깨달음을 얻은 이는 '모든 것이 완전히 사라졌다'고 말하지 않는다."

부처님께서 전하고자 하신 바는 분명합니다.

깨달음은 '있다'와 '없다'를 넘어서는 자리에 있습니다. 생겨났다고 해서 참으로 있는 것도 아니며, 사라졌다고 해서 완전히 없어진 것도 아닙니다. 그런 분별을 넘어, 끊어진 것도 없고 멸한 것도 없는 자리. 그 자리에 여래께서는 조용히 머무십니다.

이 말씀을 곱씹을 때마다, 저는 문득 우주의 흐름을 떠올리게 됩니다.

저희는 지구라는 작은 행성 위에 살고 있습니다. 지구는 태양을 중심으로 돌고, 태양은 또 우리 은하계의 한 귀퉁이를 따라 회전하고 있습니다.

그러나 옛사람들은 그 사실조차 알지 못했습니다. 하늘은 그저 도는 별들의 무대였고, 지구는 우주의 중심인 줄만 알았습니다.

이제야 비로소 우리는 압니다. 우리 은하마저도 거대한 우주의 구조 속에서 다른 은하들과 함께 움직이고 있다는 것을.

그중 하나가 안드로메다 은하입니다. 천문학자들은 말합니다. 앞으로 2~3억 년 뒤에는 우리 은하와 안드로메다 은하가 하나로 합쳐질 것이라고요.

하지만 그때쯤 지구가 과연 남아 있을까요? 지구라는 이 작은 별이 그때까지 견딜 가능성은, 아마도 그리 크지 않을 것입니다.

그 말을 들을 때마다, 저는 속으로 중얼거립니다.

"무상(無常)이로구나."

영원할 것 같던 태양도, 영겁일 것 같던 은하도, 그 실체는 고정되지 않았습니다. 우리의 생명처럼, 우주의 구조마저도 변화하며 흘러갑니다.

그러나 그런 변화조차 그대로 '끊어졌다'고 할 수도 없고, '사라졌다'고 단정할 수도 없습니다. 단절도 아니고, 소멸도 아닙니다. 그저 모였다 흩어지고, 다시 흩어졌다 모일 뿐입니다.

부처님께서는 말씀하셨습니다.

"무단무멸(無斷無滅)".

끊어진 것도 없고, 사라진 것도 없다.

그 자리는 설명될 수도 없고, 쥘 수도 없으며, 붙잡을 수도 없습니다.

진리는 생겨나지도, 사라지지도 않습니다.

저희는 다만 그 흐름 속에 잠시 스치듯 존재할 뿐입니다.

지금 이 순간, 우리는 지구 위에 잠깐 머물고 있습니

다. 태양은 돌고, 은하는 흐르며, 시간은 아무 말없이 나아갑니다.

그리고 부처님께서는 그 모든 우주의 숨결 너머에서, 아무 말없이 말씀하십니다.

"그것은 끊어진 것이 아니다. 사라진 것도 아니다. 그저 그러할 뿐이다."

28 ─── 불수불탐분 不受不貪分

받지 않고,
탐하지 않는 자의 복덕

부처님께서 수보리에게 말씀하십니다.

"수보리야, 어떤 사람이 갠지스 강의 모래알처럼 많은 세계마다 일곱 가지 보물로 가득 채워 보시를 한다면, 그 복덕이 매우 크겠지. 하지만, 어떤 보살이 모든 '법'에 자아가 없다는 무아(無我)의 진리를 깨달아 지혜를 얻는다면, 그 보살의 공덕은 훨씬 더 크다고 말할 수 있느니라."

여기서 말하는 법(法)이란, 눈에 보이는 존재와 보이지 않는 현상, 즉 이 세상의 모든 것을 뜻합니다.

그리고 "나라는 실체가 없다"는 무아의 가르침은 불교의 가장 핵심적인 통찰 중 하나입니다. 모든 것은 연기로 이루어져 있으며, 고정된 자아는 없다는 가르침입니다.

부처님의 이 말씀에 수보리가 다시 여쭙습니다.

"부처님, 그렇다면 그 보살은 복덕을 받지 않는 것입니까?"

부처님께서 말씀하십니다.

"그렇다, 수보리야. 그런 보살은 복덕을 받지 않느니라. 왜냐하면, 그 보살은 복덕을 짓되, 그 복덕에 마음을 두지도, 그것을 탐하지도 않기 때문이다. 그러므로 그 복덕을 받는다 하지 않느니라."

여기서 말하는 복덕(福德)이란, 행복과 행운, 세속적 이익을 가져오는 선행의 결과입니다.

일반적으로는 복을 짓고 그 대가를 받는다고 여기지만, 부처님은 여기서 "받지 않는다"고 하십니다. 이는 복을 짓지 않는다는 뜻이 아닙니다. 보살은 끊임없이 복을 짓습니다. 남을 위해 아낌없이 주고, 어려운 이를 돕고, 법을 전하며 사람들을 이롭게 합니다.

그러나 그 모든 행위 속에서도 "내가 했다"는 생각조차 없이, 그 결과에 집착하지 않습니다. 즉, 보살은 공덕은 쌓되, 탐하지 않습니다.

(※ 여기서 공덕(功德)이란, 자신의 수행과 지혜로 쌓은 정신적·영적 이익입니다. 복덕이 외적 결과라면, 공덕은 마음과 지혜에서 비롯된 내적 성취라 할 수 있습니다.)

이것이 바로 '불수불탐(不受不貪)'입니다. 받지 않고, 탐하지 않는 삶. 복을 쌓으면서도 복에 연연하지 않고, 공덕을 이루면서도 그 공덕조차 놓아버립니다.

보살은 보시를 하면서도 "내가 이만큼 보시했으니 이만한 복을 받아야 한다"는 마음이 없습니다. 그는 그냥 합니다. 그 일이 옳기 때문에, 그 일이 지금 필요한 일이기 때문에.

마치 봄비가 내려 꽃을 피우고도 "내가 꽃을 피웠다" 하지 않듯, 그는 조용히 베풀고 사라집니다. 자취 없이,

기대 없이.

세상은 "주는 만큼 받아야 한다"고 말합니다.

하지만 보살의 길은 다릅니다. 주는 데서 멈추고, 주는 것으로 족한 삶입니다.

진짜 큰 공덕은 "얼마나 많이 주었느냐"보다 "얼마나 그 공덕을 탐하지 않았느냐"에 있습니다.

받지 않음은 결핍이 아니라, 넘침이며 자유입니다. 그 어떤 보상도 필요 없는 자리. 그 어떤 결과도 계산하지 않는 자리.

그것이 바로 참된 복덕의 자리, 받지 않고도 가장 많이 주는 사람의 자리입니다.

29 ─── 위의적정분 威儀寂靜分

오고 감도, 앉고 눕는 것도
초월한 고요

우리는 사람을 설명할 때, 그가 어떻게 걷는지, 어떻게 말하는지, 또 어디서 와서 어디로 가는지를 이야기합니다.

하지만 부처님은 다릅니다. 그분을 그렇게 설명할 수는 없습니다.

어느 날, 부처님께서 수보리에게 말씀하십니다.

"수보리야, 만약 누군가가 '여래는 오고 가고, 앉고 눕는다'고 말한다면 그 사람은 내가 말한 뜻을 제대로 이해하지 못한 것이다."

 이 말은 단순히 부처님의 몸짓이나 행동을 부정하는 말이 아닙니다. 여기서 말하는 '오고 감', '앉고 눕는다'는 건 시간과 공간, 즉 세상의 분별을 말하는 것입니다.

 "온다"는 건 예전에 없었다는 뜻이고, "간다"는 건 이제는 없다는 뜻입니다. 우리는 그렇게 세상을 시간과 위치로 구분하며 살아갑니다.

 하지만 부처님은 그런 기준으로 존재하지 않으십니다.

 부처님은 항상 거기 계시지만, 딱히 '있다'고도 할 수 없고, 그렇다고 '없다'고도 할 수 없는, 그런 자리에 계십니다.

 그래서 그분을 '여래(如來)'라 부릅니다. '여(如)'는 '그대로', '래(來)'는 '오다'지만 여기서의 '오다'는 시간적으로 다가오는 움직임이 아니라 진실 그대로 드러난 존재라는 뜻입니다. 즉, 여래란 오지도 않고, 가지도 않는, 그저 '있는 그대로' 드러나는 분입니다.

그분의 삶은 항상 '위의(威儀)' 속에 있습니다. 여기서 위의란 단정한 걸음걸이나 바른 자세만을 말하는 것이 아닙니다. 그분의 말투, 눈빛, 행동 하나하나에서 깨어 있음과 자비가 흘러나옵니다.

그리고 그 위의 안에는 적정(寂靜)이 있습니다. '적'은 고요함이고, '정'은 침묵입니다.

하지만 이 고요와 침묵은 죽은 듯 조용한 게 아닙니다. 오히려 그 안에는 말보다 더 깊은 울림, 생각을 넘은 통찰, 집착 없는 자유로움이 담겨 있습니다.

보살은 말없이 가만히 있는 것처럼 보여도, 그 안에서는 수많은 존재를 향한 자비와 이해가 흐르고 있습니다.

말은 하지 않아도, 그 모습에서 더 큰 가르침이 전해지고, 움직이지 않아도, 그 자리에 머무는 자체로 울림이 됩니다.

위의는 겉모습이고, 적정은 그 속입니다. 겉으로 드러난 단정함과 속에 깃든 고요함이 하나가 될 때, 그게 바로 부처님의 존재 방식입니다.

그래서 보살은 그냥 있는 것이 아닙니다. 아무것도 하지 않는 조용함이 아니라, 모든 것을 품은 채 조용히 있는 그 넉넉함, 그 침묵의 지혜가 바로 부처님께서 말씀하신 위의적정(威儀寂靜)입니다.

우리는 종종 소란 속에서만 삶이 있다고 생각합니다.

하지만 부처님은 말씀하십니다.

진짜 삶은 조용한 가운데 있고, 진짜 가르침은 말없는 순간에 드러난다고.

정리하면, '위의'는 몸과 말과 행동 전체에서 흐르는 바른 태도, '적정'은 그 태도 안에 깃든 고요한 마음입니다.

이 두 가지가 하나로 어우러질 때, 그 사람은 말하지 않아도 말하고 있고, 움직이지 않아도 세상을 바꾸고 있는 진짜 보살이라 할 수 있습니다.

30 ── 일합이상분 一合理相分

**겉은 달라도,
이치는 하나다**

부처님께서 수보리에게 물으셨습니다.

"수보리야, 어떤 사람이 이 광대한 세계 전체를 완전히 부숴서, 가장 작고 보잘것없는 티끌로 만들었다고 생각해보아라. 그 티끌은 얼마나 많겠느냐?"

수보리는 대답합니다.

"부처님, 셀 수 없이 많을 것입니다."

하지만 부처님은 고개를 저으시며 말씀하십니다.

"그렇지 않다. 만약 그 티끌이 진짜로 있는 것이라면, 나는 그것을 '티끌'이라 부르지 않았을 것이다."

이 말은 우리에게 참 생소하게 들립니다. 있으니까 티끌이지, 없으면 왜 말로 하나? 그런 의문이 들 수 있습니다.

하지만 부처님께서 말씀하시는 '없는 것'은 아예 존재하지 않는다는 뜻이 아닙니다. 고정된 실체로서 존재하지 않는다는 뜻입니다.

작은 티끌도, 큰 세계도, 모두 어떤 '형태'로는 분명히 있지만, 그 본질은 늘 변화하고 흘러가는 것이기 때문에 '있다'고도, '없다'고도 말할 수 없습니다.

우리가 보통 세상을 '있는 것'과 '없는 것'으로 나누지만, 부처님의 가르침은 그보다 훨씬 더 깊은 층을 보여줍니다.

그 작은 티끌마저도 '이건 티끌이다!' 하고 붙잡는 순간 그것은 더이상 진실이 아닙니다.

그래서 말씀하십니다. "티끌은 티끌이 아니다. 다만 이름이 티끌일 뿐이다."

이것은 세계 전체에도 그대로 적용됩니다. 삼천대천세계, 말하자면 온 우주 같은 것도 그 자체로는 하나의 실체가 아닙니다. 우리가 이름을 붙이고, 나눈 것일 뿐입니다.

부처님은 다시 이렇게 말씀하십니다.

"수보리야, '일합상(一合相)'이라는 것이 있다. 여러 요소들이 모여서 하나로 보이는 모습이지. 하지만 그 모습은 실제로 하나가 아니다. 나는 그것을 '일합상'이라 부르지만, 그건 이름일 뿐이다."

예를 들어 생각해봅시다. 우리가 '꽃'이라고 부르는 것도 그 안에는 씨앗, 흙, 햇빛, 물, 시간, 공기 같은 수많은 조건이 모여 '잠시 피어난 모양'일 뿐입니다. 그걸 '꽃'이라고 부르고는 있지만, 그 이름은 진짜 고정된 실체가 아닙니다. 그러니 '꽃'은 꽃이 아니며, 다만 이름이 꽃일 뿐입니다.

하지만 문제는, 우리가 이 '모양'을 너무도 믿는다는 것입니다.

"이건 내 집이야, 이건 내 생각이야, 이건 내가 가진 거야."

이렇게 집착하고 분별하는 마음. 이게 바로 중생심입니다. 그런 마음은 결국 '일합상'이라는 모양에 붙잡혀 늘 괴로움을 낳습니다.

하지만 이 모든 모양은 마치 거품 같고, 그림자 같고, 꿈과 같습니다.

부처님은 말로 다 설명할 수는 없다고 하십니다. 다만 '깨달음'이라는 눈으로 보면, 그 모든 것이 본래 텅 비어 있다는 것을 알게 됩니다.

그 비어 있음은 아무것도 없다는 뜻이 아닙니다. 오히려 어떤 것도 고정되지 않았기에 자유롭게 흐르고 변화할 수 있다는 살아 있는 진실입니다.

그래서 이 분의 가르침은 이렇습니다. 겉으로 보이는 건 모양일 뿐, 그 본질은 늘 흘러가며 비어 있습니다. 집착하지 않으면, 진짜 자유가 열립니다.

31 ─── 지견불생분 知見不生分

**분별이 일어나지 않는
고요한 자리**

부처님께서 수보리에게 물으십니다.

"수보리야, 어떤 사람이 '여래는 아견·인견·중생견·수자견을 설하였다'고 말한다면, 그 사람은 내가 설한 법을 제대로 이해한 것이라 할 수 있겠느냐?"

수보리는 고개를 저으며 대답합니다.

"아닙니다, 부처님. 그 사람은 부처님의 말씀을 제대로 이해하지 못한 것입니다."

부처님께서 말씀하신 네 가지 분별은 모두 중생이 만들어 낸 헛된 틀입니다.

- 아상(我相, 아견) : '나'라고 부를 만한 변치 않는 실체가 따로 있다는 집착.
- 인상(人相, 인견) : 내 바깥에 '너'라는 확고한 존재가 고정돼 있다는 집착.
- 중생상(衆生相, 중생견) : 수없이 많은 생명들이 서로 완전히 갈라져 따로 산다는 집착.
- 수자상(壽者相, 수자견) : 그 갈라진 존재들이 시간 속에서도 그대로 지속된다는 집착.

우리는 이 네 가지 생각을 실재라고 믿고 붙잡지만, 사실은 이름뿐입니다.

부처님은 병을 고치기 위해 병명을 잠시 들어 보이듯, 집착을 끊으려 이 이름들을 빌려 말씀하셨을 뿐입니다.

우리는 세상을 볼 때 늘 '이건 좋다, 저건 싫다', '이건 옳고, 저건 틀리다' 하며 끊임없이 생각과 느낌으로 나누고 분별합니다. 이런 마음의 작용이 바로 분별망상입니다. 있는 것을 있는 그대로 보지 못하고 자신의 관점과 감정으로 왜곡해 받아들이는 마음.

하지만 부처님은 그런 분별의 그물망을 완전히 걷어내고, 있는 그대로를 있는 그대로 보시는 분입니다.

그러니 부처님이 '분별망상'을 본다고 말하는 것은 거꾸로 진리를 오해하는 것입니다.

예를 들어 봅시다. 우리가 창밖을 볼 때 어떤 날은 해가 예쁘게 보입니다. 하지만 다른 날은 그 똑같은 해를 '너무 덥다', '짜증 난다'고 느낍니다. 햇빛은 똑같지만 내 마음이 달라진 것이죠. 이게 바로 분별입니다.

그런데 부처님은 그 햇빛을 그냥 햇빛 그대로 보십니다. 좋고 나쁨 없이, 이익이나 손해 없이, 그저 그렇게 존재하는 대로 받아들이십니다.

부처님께서 말씀하십니다.

"수보리야, 진정으로 깨달음을 발심한 이는 모든 법을

듣고, 알고, 보고, 이해하되 그 안에 분별심이 일어나지 않는다."

즉, 세상의 모든 소리와 장면을 분명히 알아차리면서도 좋고 나쁨, 옳고 그름 같은 두 갈래 판단에 마음이 끌리지 않습니다.

그 자리는 마치 바람이 불어도 흔들리지 않는 깊은 호수와 같습니다.

모든 것을 받아들이면서도 요동하지 않는 마음, 그것이 바로 분별심이 일어나지 않는 자리입니다.

그리고 부처님은 덧붙이십니다.

"수보리야, 내가 말한 '분별심'은 실제로 존재하는 것이 아니라, 다만 이름 붙인 것일 뿐이다."

이름은 있습니다. 그러나 그 이름에 속으면 안 됩니다. '분별심'이라는 말도 깨닫지 못한 중생이 만든 이름일 뿐, 그 자체가 어떤 실재하는 고정된 마음은 아닙니다.

그래서 부처님은 말씀하십니다. 이름은 있을지언정, 그 이름에 갇혀서는 안 된다고요.

32 ── 응화비진분 應化非眞分

드러난 형상은
진실이 아니다

부처님께서 말씀하십니다.

"수보리야, 어떤 사람이 이 광대한 우주 전체에 온갖 보석을 가득 채워 보시한다 해도, 이 《금강경》에서 네 구절이라도 마음 깊이 새기고 외우고 실천하며, 다른 사람을 위해 전하는 이의 공덕이 훨씬 크다."

여기서 '네 구절'이란 단순히 네 마디 말이 아닙니다. 《금강경》 전체의 핵심을 압축한 네 줄, 불교의 공(空) 사상을 가장 짧고도 정확하게 말한 말입니다.

'공'이란 '없다'는 말이 아닙니다. 고정된 실체가 없다는 뜻입니다.

모든 것은 관계 속에서 생겨나고, 언제든 바뀌며, 그 무엇도 홀로 존재할 수 없습니다. 이 사실을 제대로 이해하면, 사로잡힘 없이, 고집 없이 살아갈 수 있습니다.

부처님은 이어 말씀하십니다.

남에게 이 네 구절을 전할 때는, 그 누구의 모습에도 집착하지 말고, 그 무엇에도 마음이 흔들리지 말라. 왜냐하면 이 세상 모든 것은 꿈, 환영, 물거품, 그림자, 이슬, 번개와 같기 때문입니다.

마지막 네 구절은 이 《금강경》의 백미이자, 불교의 핵심을 찌르는 결론입니다.

- 일체유위법(一切有爲法) : 모든 조건 지어진 것은
- 여몽환포영(如夢幻泡影) : 꿈, 환영, 거품, 그림자와 같고

- 여로역여전(如露亦如電) : 이슬과 같으며 또한 번개와 같으니
- 응작여시관(應作如是觀) : 이와 같이 관찰하라

우리가 보고 듣고 느끼는 모든 것, 집이고, 직장이고, 돈이고, 명예고, 사람들과의 관계조차도 한순간 반짝였다가 사라지는 물거품 같다는 말입니다. 그렇다고 아무 의미가 없다는 게 아닙니다. 오히려 그 덧없음을 알기에 더욱 소중히 여기고, 더욱 자유롭게 살아가야 한다는 뜻입니다.

부처님이 우리에게 보여주신 모든 모습도, 설법하는 그 말마저도 응화신(應化身), 즉 중생을 돕기 위한, 응하여 드러낸 가르침일 뿐, 궁극의 진실 그 자체는 아닙니다.

부처님께서 설법을 마치자, 수보리와 함께 있던 모든 스님과 신자들, 하늘의 신들과 인간들, 심지어 싸움을 좋아하는 신들까지도 크게 기뻐하며, 부처님의 말씀을 믿고 받아들이고, 공경하며 실천하였다고 전합니다.

그들은 이제 알았습니다. 부처님의 말씀이 따로 멀리 있는 것이 아니라, 바로 지금 이 순간을 진실하게 살아가는 우리의 마음 안에 있다는 것을.

마무리하며

오래 밀린 숙제를 끝내는 마음으로

 코로나가 일어나기 몇 해 전부터 《금강경》을 수필로 옮겨 보고 싶다는 생각을 품었습니다.

 자료를 하나둘 모으며 조금씩 정리해 보았지만, 그때는 욕심만 앞섰고 능력도 준비도 되어 있지 않았습니다.

 지금이라고 해서 능력이 생겼다고는 말할 수 없지만, 마음만큼은 전보다 담담하고 진실해졌다고 느낍니다.

 그래서 이렇게 조심스럽게 이 글의 끝을 맺습니다.

 이 글을 다듬는 동안 종범 스님, 정화 스님, 법륜 스님, 정성본 스님 등 많은 스님들의 유튜브 강의를 들었습니다. 실은 이 스님들을 단 한 번도 직접 뵌 적은 없습니다.

그럼에도 영상 속 한 마디, 한 구절이 늘 제 곁을 지켜주었습니다.

혹여 이 글이 그분들께 누가 되지 않기를 바라는 마음으로, 한 줄 한 줄 조심스레 써 내려갔습니다.

《금강경》을 한자 원전으로 공부해 오신 분들께는 이 책이 다소 불편하게 느껴질지도 모르겠습니다.

낯익지 않은 한자들을 제 방식대로 소화해 더 많은 이들이 이해할 수 있도록 쉬운 언어로 풀어내려 애썼습니다.

그러나 원문의 깊고 묵직한 울림을 온전히 살려 내지 못한 점은 제 한계였습니다.

이 책이 불교가 멀게 느껴져 경전에 쉽게 다가가지 못했던 분들에게 작은 문 하나가 되기를 바라며, 혹시라도 이 글을 계기로 공부를 시작한다면 그보다 더 큰 보람은 없겠습니다.

특히 불자는 아니지만 "《금강경》이라는 책이 도대체

어떤 책일까?" 하는 호기심으로 이 책을 펼치신 분들을 진심으로 환영합니다.

처음에는 《금강경》의 핵심 한자어를 따로 발췌해 설명까지 덧붙일까 고민했으나, 수필 특유의 흐름을 해치고 싶지 않아 내려놓았습니다.

언젠가 누군가는 그 일을 더 훌륭히 해주시리라 믿습니다.

제 필명은 정사장(正事長) — '바른 일을 하는 어른'이라는 뜻입니다.

성(姓)이 정(鄭)이고 장사를 하다 보니 사람들이 자연스럽게 '정 사장'이라 불러 주었습니다.

《금강경》에서는 이름에 집착하지 말라 하지만, 그 이름 또한 제 삶과 이 책의 흔적이 되었습니다.

책 표지에 '초역抄譯 금강경 : 부처님의 말, 아주 쉽게 풀어보다'와 '글쓴이 정사장'을 붓글씨로 정성껏 써 주신 최상숙 보살님께 깊이 감사드립니다.

그 한 획 한 획 덕분에 이 책의 겉과 속이 함께 따뜻해졌습니다.

그리고 열린선원 주지 이신 무상법현 스님께서 절 한 켠 공간을 반 년 동안 내어 주시어 이 원고에 몰두할 수 있도록 배려해 주신 은혜 또한 잊지 않겠습니다.

이 책을, 오래도록《금강경》을 마음에 품어 온 모든 이와 지금 막 첫 장을 펼친 당신께 바칩니다.

배우고 나누는 길 위에서 걸음을 멈추지 않겠습니다.

오래 밀린 숙제를 마친 마음입니다.

조심스럽고, 부끄럽고, 그래서 더없이 진심입니다.

정사장 씀.

금강경
원문

법회인유분 제일
法會因由分 第一

여시아문 일시 불재사위국 기수급고독원 여
如是我聞 一時 佛在舍衛國 祇樹給孤獨園 與

대비구중천이백오십인구 이시 세존 식시 착의지발 입사위대성
大比丘衆千二百五十人俱 爾時 世尊 食時 着衣持鉢 入舍衛大城

걸식 어기성중 차제걸이 환지본처 반사흘 수의발 세족이
乞食 於其城中 次第乞已 還至本處 飯食訖 收衣鉢 洗足已

부좌이좌
敷座而坐

선현기청분 제이
善現起請分 第二

시 장로수보리 재대중중 즉종좌기 편단우견 우슬착지 합장공경
時 長老須菩提 在大衆中 卽從座起 偏袒右肩 右膝着地 合掌恭敬

이백불언 희유세존 여래 선호념제보살 선부촉제보살 세존 선남자
而百佛言 希有世尊 如來 善護念諸菩薩 善付囑諸菩薩 世尊 善男子

선여인 발아뇩다라삼먁삼보리심 응운하주 운하항복기심 불언
善女人 發阿耨多羅三藐三菩提心 應云何住 云何降伏其心 佛言

선재선재 수보리 여여소설 여래 선호념제보살 선부촉제보살
善哉善哉 須菩提 如汝所說 如來 善護念諸菩薩 善付囑諸菩薩

여금제청 당위여설 선남자선여인 발아 뇩다라삼먁삼보리심
汝今諦聽 當爲汝說 善男子善女人 發阿 耨多羅三藐三菩提心

응여시주 여시항복기심 유연 세존 원락욕문
應如是住 如是降伏其心 唯然 世尊 願樂欲聞

대승정종분 제삼
大乘正宗分 第三

불고 수보리 제보살마하살 응여시항복기심 소유일체중생지류
佛告 須菩提 諸菩薩摩訶薩 應如是降伏其心 所有一切衆生之類

약난생 약태생 약습생 약화생 약유색 약무색 약유상 약무상
若卵生 若胎生 若濕生 若化生 若有色 若無色 若有想 若無想

약비유상 비무상 아개영입무여열반 이멸도지 여시멸도
若非有想 非無想 我皆令入無餘涅槃 而滅度之 如是滅度

무량무수무변중생 실무중생 득멸도자 하이고 수보리 약보살
無量無數無邊衆生 實無衆生 得滅度者 何以故 須菩提 若菩薩

유아상인상중생상수자상 즉비보살
有我相人相衆生相壽者相 卽非菩薩

묘행무주분 제사
妙行無住分 第四

부차 수보리 보살 어법 응무소주 행어보시 소위부주색보시
復次 須菩提 菩薩 於法 應無所住 行於布施 所謂不住色布施

부주성향미촉법보시 수보리 보살 응여시보시 부주어상 하이고
不住聲香味觸法布施 須菩提 菩薩 應如是布施 不住於相 何以故

약보살 부주상보시 기복덕 불가사량 수보리 어의운하 동방허공
若菩薩 不住相布施 其福德 不可思量 須菩提 於意云何 東方虛空

가사량부 불야 세존 수보리 남서북방 사유상하허공 가사량부
可思量不 不也 世尊 須菩提 南西北方 四維上下虛空 可思量不

불야 세존 수보리 보살 무주상보시복덕 역부여시 불가사량
不也 世尊 須菩提 菩薩 無住相布施福德 亦復如是 不可思量

수보리 보살 단응여소교주
須菩提 菩薩 但應如所教住

여리실견분 제오
如理實見分 第五

수보리 어의운하 가이신상 견여래부 불야 세존 불가이신상
須菩提 於意云何 可以身相 見如來不 佛也 世尊 不可以身相

득견여래 하이고 여래소설신상 즉비신상 불고수보리 범소유상
得見如來 何以故 如來所說身相 卽非身相 佛告須菩提 凡所有相

개시허망 약견제상 비상 즉견여래
皆是虛妄 若見諸相 非相 卽見如來

정신희유분 제육
正信希有分 第六

수보리 백불언 세존 파유중생 득문여시언설장구 생실신부
須菩提 白佛言 世尊 頗有衆生 得聞如是言說章句 生實信不

불고수보리 막작시설 여래멸후 후오백세 유지계수복자
佛告須菩提 莫作是說 如來滅後 後五百歲 有持戒修福者

어차장구 능생신심 이차위실 당지시인 불어일불이불삼사오불
於此章句 能生信心 以此爲實 當知是人 不於一佛二佛三四五佛

이종선근 이어무량천만불소 종제선근 문시장구 내지일념
而種善根 已於無量千萬佛所 種諸善根 聞是章句 乃至一念

생정신자 수보리 여래 실지실견 시세중생 득여시 무량복덕
生淨信者 須菩提 如來 悉知悉見 是諸衆生 得如是 無量福德

하이고 시제중생 무부아상인상중생상수자상 무법상
何以故 是諸衆生 無復我相人相衆生相壽者相 無法相

역무비법상 하이고 시제중생 약심취상 즉위착아인중생수자
亦無非法相 何以故 是諸衆生 若心取相 則爲着我人衆生壽者

약취법상 즉착아인중생수자 하이고 약취비법상
若取法相 卽着我人衆生壽者 何以故 若取非法相

즉착아인중생수자 시고 불응취법 불응취비법 이시의고
卽着我人衆生壽者 是故 不應取法 不應取非法 以是義故

여래상설 여등비구 지아설법 여벌유자 법상응사 하황비법
如來常說 汝等比丘 知我說法 如筏喩者 法尙應捨 何況非法

무득무설분 제칠
無得無說分 第七

수보리 어의운하 여래 득아뇩다라삼막삼보리야 여래유
須菩提 於意云何 如來 得阿耨多羅三藐三菩提耶 如來有

소설법야 수보리언 여아해불소설의 무유정법
所說法耶 須菩提言 如我解佛所說義 無有定法

명아뇩다라삼막삼보리 역무유정법 여래가설 하이고
名我耨多羅三藐三菩提 亦無有定法 如來可說 何以故

여래소설법 개불가취 불가설 비법 비비법 소이자하 일체현성
如來所說法 皆不可取 不可說 非法 非非法 所以者何 一切賢聖

개이무위법 이유차별
皆以無爲法 而有差別

의법출생분 제팔
依法出生分 第八

수보리 어의운하 약인 만삼천대천세계칠보 이용보시 시인
須菩提 於意云何 若人 滿三千大千世界七寶 以甪布施 是人

소득복덕 영위다부 수보리언 심다 세존 하이고 시복덕
所得福德 寧爲多不 須菩提言 甚多 世尊 何以故 是福德

즉비복덕성 시고 여래설복덕다 약부유인 어차경중
卽非福德性 是故 如來說福德多 若復有人 於此經中

수지내지사구게등 위타인설 기복 승피 하이고 수보리 일체제불
受持乃至四句偈等 爲他人說 其福 勝彼 何以故 須菩提 一切諸佛

급제불 아뇩다라삼막삼보리법 개종차경출 수보리 소위불법자
及諸佛 阿耨多羅三藐三菩提法 皆從此經出 須菩提 所謂佛法者

즉비불법
卽非佛法

일상무상분 제구
一相無相分 第九

수보리 어의운하 수다원 능작시념 아득수다원과부 수보리언
須菩提 於意云何 須多洹 能作是念 我得須陀洹果不 須菩提言

불야 세존 하이고 수다원 명위입류 이무소입
不也 世尊 何以故 須陀洹 名謂入流 而無所入

불입색성향미촉법 시명수다원 수보리 어의운하 사다함
不入色聲香味觸法 是名須陀洹 須菩提 於意云何 斯陀含

능작시념 아득사다함과부 수보리언 불야 세존 하이고 사다함
能作是念 我得斯陀含果不 須菩提言 不也 世尊 何以故 斯陀含

명일왕래 이실무왕래 시명사다함 수보리 어의운하 아나함
名一往來 而實無往來 是名斯陀含 須菩提 於意云何 阿那含

능작시념 아득아나함과부 수보리언 불야 세존 하이고 아나함
能作是念 我得我那含果不 須菩提言 不也 世尊 何以故 阿那含

명위불래 이실무불래 시고 명아나함 수보리 어의운하 아라한
名謂不來 而實無不來 是故 名阿那含 須菩提 於意云何 阿羅漢

능작시념 아득아라한도부 수보리언 불야 세존 하이고 실무유법
能作是念 我得阿羅漢道不 須菩提言 不也 世尊 何以故 實無有法

명아라한 세존 약아라한 작시념 아득아라한도
名阿羅漢 世尊 若阿羅漢 作是念 我得阿羅漢道

즉위착아인중생수자 세존 불설아득무쟁삼매 인중 최위제일
卽爲着我人衆生壽者 世尊 佛說我得無諍三昧 人中 最爲第一

시제일이욕아라한 세존 아부작시념 아시이욕아라한 세존
是第一離欲阿羅漢 世尊 我不作是念 我是離欲阿羅漢 世尊

아약작시념 아득아라한도 세존 즉불설수보리 시요아란나행자
我若作是念 我得阿羅漢道 世尊 卽佛說須菩提 是樂阿蘭那行者

이수보리 실무소행 이명수보리 시요아란나행
以須菩提 實無所行 而名須菩提 是樂阿蘭那行

장엄정토분 제십
莊嚴淨土分 第十

불고수보리 어의운하 여래 석재연등불소 어법 유소득부 불야
佛告須菩提 於意云何 如來 昔在燃燈佛所 於法 有所得不 不也

세존 여래재연등불소 어법 실무소득 수보리 어의운하 보살
世尊 如來在燃燈佛所 於法 實無所得 須菩提 於意云何 菩薩

장엄불토부 불야 세존 하이고 장엄불토자 즉비장엄 시명장엄
莊嚴佛土不 不也 世尊 何以故 莊嚴佛土者 卽非莊嚴 是名莊嚴

시고 수보리 제보살마하살 응여시생청정심 불응주색생심
是故 須菩提 諸菩薩摩訶薩 應如是生淸淨心 不應住色生心

불응주성향미촉법생심 응무소주 이생기심 수보리 비여유인
不應住聲香味觸法生心 應無所住 而生其心 須菩提 譬如有人

신여수미산왕 어의운하 시신 위대부 수보리언 심대 세존
身如須彌山王 於意云何 是身 爲大不 須菩提言 甚大 世尊

하이고 불설비신 시명대신
何以故 佛說非身 是名大身

무위복승분 제십일
無爲福勝分 第十一

수보리 여항하중 소유사수 여시사등항하 어의운하 시제항하사
須菩提 如恒河中 所有沙數 如是沙等恒河 於意云何 是諸恒河沙

영위다부 수보리언 심다 세존 단제항하 상다무수 하황기사
寧爲多不 須菩提言 甚多 世尊 但諸恒河 尙多無數 何況其沙

수보리 아금 실언 고여 약유선남자 선여인 이칠보
須菩提 我今 實言 告汝 若有善男子 善女人 以七寶

만이소항하사수 삼천대천세계 이용보시 득복 다부 수보리언
滿爾所恒河沙數 三千大千世界 以用布施 得福 多不 須菩提言

심다 세존 불고수보리 약선남자선여인 어차경중
甚多 世尊 佛告須菩提 若善男子善女人 於此經中

내지수지사구게등 위타인설 이차복덕 승전복덕
乃至受持四句偈等 爲陀人說 而此福德 勝前福德

존중정교분 제십이
尊重正敎分 第十二

부차 수보리 수설시경 내지사구게등 당지 차처
復次 須菩提 隨說是經 乃至四句偈等 當知 此處

일체세간천인아수라 개응공양 여불탑묘 하황유인 진능수지독송
一切世間天人阿修羅 皆應供養 如佛塔廟 何況有人 盡能受持讀誦

수보리 당지 시인 성취최상제일희유지법 약시경전 소재지처
須菩提 當知 是人 成就最上第一希有之法 若是經典 所在之處

즉위유불 약존중제자
卽爲有佛 若尊重弟子

여법수지분 제십삼
如法受持分 第十三

이시 수보리 백불언 세존 당하명차경 아등 운하봉지
爾時 須菩提 百佛言 世尊 當何名此經 我等 云何奉持

불고수보리 시경 명위금강반야바라밀 이시명자 여당봉지
佛告須菩提 是經 名爲金剛般若波羅密 以是名字 汝當奉持

소이자하 수보리 불설반야바라밀 즉비반야바라밀
所以者何 須菩提 佛說般若波羅密 卽非般若波羅密

시명반야바라밀 수보리 어의운하 여래 유소설법부 수보리
是名般若波羅密 須菩提 於意云何 如來 有所說法不 須菩提

백불언 세존 여래 무소설 수보리 어의운하 삼천대천세계
百佛言 世尊 如來 無所說 須菩提 於意云何 三千大千世界

소유미진 시위다부 수보리언 심다 세존 수보리 제미진 여래설
所有微塵 是爲多不 須菩提言 甚多 世尊 須菩提 諸微塵 如來說

비미진 시명미진 여래설세계 비세계 시명세계 수보리 어의운하
非微塵 是名微塵 如來說世界 非世界 是名世界 須菩提 於意云何

가이삼십이상 견여래부 불야 세존 불가이삼십이상 득견여래
可以三十二相 見如來不 不也 世尊 不可以三十二相 得見如來

하이고 여래설 삼십이상 즉시비상 시명삼십이상 수보리
何以故 如來說 三十二相 卽是非相 是名三十二相 須菩提

약유선남자 선여인 이항하사등신명 보시 약부유인 어차경중
若有善男子 善女人 以恒河沙等身命 布施 若復有人 於此經中

내지수지사구게등 위타인설 기복 심다
乃至受持四句偈等 爲他人說 其福 甚多

이상적멸분 제십사
離相寂滅分 第十四

이시 수보리 문설시경 심해의취 체루비읍 이백불언 희유 세존
爾時 須菩提 聞說是經 深解義趣 涕淚悲泣 而百佛言 希有 世尊

불설여시심심경전 아종석래 소득혜안 미증득문 여시지경 세존
佛說如是甚深經典 我從昔來 所得慧眼 未曾得聞 如是之經 世尊

약부유인 득문시경 신심 청정 즉생실상 당지 시인
若復有人 得聞是經 信心 淸淨 卽生實相 當知 是人

성취제일희유공덕 세존 시실상자 즉시비상 시고 여래 설명실상
成就第一希有功德 世尊 是實相者 卽是非相 是故 如來 說名實相

세존 아금 득문여시경진 신해수지 부족위난 약당래세후오백세
世尊 我今 得聞如是經典 信解受持 不足爲難 若當來世後五百歲

기유중생 득문시경 신해수지 시인 즉위제일희유 하이고 차인
其有衆生 得聞是經 信解受持 是人 卽爲第一希有 何以故 此人

무아상 무인상 무중생상 무수자상 소이자하 아상 즉시비상
無我相 無人相 無衆生相 無壽者相 所以者何 我相 卽是非相

인상중생상 수자상 즉시비상 하이고 이일체제상 즉명제불
人相衆生相 壽者相 卽是非相 何以故 離一切諸相 卽名諸佛

불고수보리 여시여시 약부유인 득문시경 불경불포불외 당지
佛告須菩提 如是如是 若復有人 得聞是經 不驚不怖不畏 當知

시인 심위희유 하이고 수보리 여래설 제일바라밀
是人 甚爲希有 何以故 須菩提 如來說 第一波羅密

즉비제일바라밀 시명제일바라밀 수보리 인욕바라밀 여래설
卽非第一波羅密 是名第一波羅密 須菩提 忍辱波羅密 如來說

비인욕바라밀 시명인욕바라밀 하이고 수보리 여아석위가리왕
非忍辱波羅密 是名忍辱波羅密 何以故 須菩提 如我昔爲歌利王

할절신체 아어이시 무아상 무인상 무중생상 무수자상 하이고
割截身體 我於爾時 無我相 無人相 無衆生相 無壽者相 何以故

아어왕석 절절지해시 약유아상인상중생상수자상 응생진한
我於往昔 節節支解時 若有我相人相衆生相壽者相 應生嗔恨

수보리 우념 과거어오백세 작인욕선인 어이소세 무아상 무인상
須菩提 又念 過去於五百世 作忍辱仙人 於爾所世 無我相 無人相

무중생상 무수자상 시고 수보리 보살 응리일체상
無衆生相 無壽者相 是故 須菩提 菩薩 應離一切相

발아뇩다라삼먁삼보리심 불응주색생심 불응주성향미촉법생심
發阿耨多羅三藐三菩提心 不應住色生心 不應住聲香味觸法生心

응생무소주심 약심유주 즉위비주 시고 불설보살
應生無所住心 若心有住 卽爲非住 是故 佛說菩薩

심불응주색보시 수보리 보살 위이익일체중생 응여시보시
心不應住色布施 須菩提 菩薩 爲利益一切衆生 應如是布施

여래설일체제상 즉시비상 우설일체중생 즉비중생 수보리
如來說一切諸相 卽是非相 又說一切衆生 卽非衆生 須菩提

여래 시진어자 실어자 여어자 불광어자 불이어자 수보리
如來 是眞語者 實語者 如語者 不誑語者 不異語者 須菩提

여래 소득법 차법 무실무허 수보리 약보살 심주어법 이행보시
如來 所得法 此法 無實無虛 須菩提 若菩薩 心住於法 而行布施

여인 입암 즉무소견 약보살 심부주법 이행보시 여인유목 일광
如人 入闇 則無所見 若菩薩 心不住法 而行布施 如人有目 日光

명조 견종종색 수보리 당래지세 약유선남자 선여인 능어차경
明照 見種種色 須菩提 當來之世 若有善男子 善女人 能於此經

수지독송 즉위여래 이불지혜 실지시인 실견시인 개득성취
受持讀誦 卽爲如來 以佛智慧 悉知是人 悉見是人 皆得成就

무량무변공덕
無量無邊功德

지경공덕분 제십오
持經功德分 第十五

수보리 약유선남자 선여인 초일분 이항하사등신 보시 중일분
須菩提 若有善男子 善女人 初日分 以恒河沙等身 布施 中日分

부이항하사등신 보시 후일분 역이항하사등신 보시
復以恒河沙等身 布施 後日分 亦以恒河沙等身 布施

여시무량백천만억겁 이신보시 약부유인 문차경전 신심불역
如是無量百千萬億劫 以身布施 若復有人 聞此經典 信心不逆

기복 승피 하황서사수지독송 위인해설 수보리 이요언지 시경
其福 勝彼 何況書寫受持讀誦 爲人解說 須菩提 以要言之 是經

유불가사의 불가칭량무변공덕 여래 위발대승자설
有不可思議 不可稱量無邊功德 如來 爲發大乘者說

위발최상승자설 약유인 능수지독송 광위인설 여래 실지시인
爲發最上乘者說 若有人 能受持讀誦 廣爲人說 如來 悉知是人

실견시인 개득성취불가량 불가칭 무유변 불가사의공덕
悉見是人 皆得成就不可量 不可稱 無有邊 不可思議功德

여시인등 즉위하담여래 아뇩다라삼먁삼보리 하이고 수보리
如是人等 即爲荷擔如來 阿耨多羅三藐三菩提 何以故 須菩提

약요소법자 착아견인견중생견수자견 즉어차경 불능청수독송
若樂小法者 着我見人見衆生見壽者見 則於此經 不能聽受讀誦

위인해설 수보리 재재처처 약유차경 일체세간천인아수라
爲人解說 須菩提 在在處處 若有此經 一切世間天人阿修羅

소응공양 당지차처 즉위시탑 개응공경 작례위요 이제화향
所應供養 當知此處 即爲是塔 皆應恭敬 作禮圍遶 以諸華香

이산기처
而散其處

능정업장분 제십육
能淨業障分 第十六

부차 수보리 선남자 선여인 수지독송차경 약위인경천 시인
復次 須菩提 善男子 善女人 受持讀誦此經 若爲人輕賤 是人

선세죄업 응타악도 이금세인 경천고 선세죄업 즉위소멸
先世罪業 應墮惡道 以今世人 輕賤故 先世罪業 卽爲消滅

당득아뇩다라삼막삼보리 수보리 아념 과거무량아승지겁
當得阿耨多羅三藐三菩提 須菩提 我念 過去無量阿僧祇劫

어연등불전 득치팔백사천만억나유타제불 실개공양승사
於燃燈佛前 得値八百四千萬億那由他諸佛 悉皆供養承事

무공과자 약부유인 어후말세 능수지독송차경 소득공덕
無空過者 若復有人 於後末世 能受持讀誦此經 所得功德

어아소공양 제불공덕 백분 불급일 천만억분내지 산수비유
於我所供養 諸佛功德 百分 不及一 千萬億分乃至 算數譬喩

소불능급 수보리 약선남자 선여인 어후말세 유수지독송차경
所不能及 須菩提 若善男子 善女人 於後末世 有受持讀誦此經

소득공덕 아약구설자 혹유인 문심즉광난 호의불신 수보리
所得功德 我若具說者 或有人 聞心則狂亂 狐疑不信 須菩提

당지 시경의 불가사의 과보 역불가사의
當知 是經義 不可思議 果報 亦不可思議

구경무아분 제십칠
究境無我分 第十七

이시 수보리 백불언 세존 선남자 선여인
爾時 須菩提 百佛言 世尊 善男子 善女人

발아뇩다라삼막삼보리심 운하응주 운하항복기심 불고수보리
發我耨多羅三藐三菩提心 云何應住 云何降伏其心 佛告須菩提

약선남자선여인 발아뇩다라삼막삼보리심자 당생여시심
若善男子善女人 發我耨多羅三藐三菩提心者 當生如是心

아응멸도일체중생 멸도일체중생이 이무유일중생 실멸도자
我應滅度一切衆生 滅度一切衆生已 而無有一衆生 實滅度者

하이고 수보리 약보살 유아상인상중생상수자상 즉비보살
何而故 須菩提 若菩薩 有我相人相衆生相壽者相 即非菩薩

소이자하 수보리 실무유법 발아뇩다라삼막삼보리심자 수보리
所以者何 須菩提 實無有法 發我耨多羅三藐三菩提心者 須菩提

어의운하 여래 어연등불소 유법 득아뇩다라삼막삼보리부 불야
於意云何 如來 於燃燈佛所 有法 得我耨多羅三貌三菩提不 不也

세존 여아해불소설의 불어연등불소 무유법
世尊 如我解佛所說義 佛於燃燈佛所 無有法

득아뇩다라삼막삼보리 불언 여시여시 수보리 실무유법 여래
得我耨多羅三貌三菩提 佛言 如是如是 須菩提 實無有法 如來

득아뇩다라삼막삼보리 수보리 약유법
得我耨多羅三貌三菩提 須菩提 若有法

여래득아뇩다라삼막삼보리자 연등불 즉불여아수기 여어래세
如來得我耨多羅三貌三菩提者 燃燈佛 即不與我授記 汝於來世

당득작불 호 석가모니 이실무유법 득아뇩다라삼막삼보리
當得作佛 號 釋迦牟尼 以實無有法 得阿耨多羅三貌三菩提

시고 연등불 여아수기 작시언 여어래세 당득작불 호 석가모니
是故 燃燈佛 與我授記 作是言 汝於來世 當得作佛 號 釋迦牟尼

하이고 여래자 즉제법 여의 약유인언
何以故 如來者 即諸法 如義 若有人言

여래득아뇩다라삼먁삼보리 수보리 실무유법 불
如來得我耨多羅三藐三菩提 須菩提 實無有法 佛

득아뇩다라삼먁삼보리 수보리 여래 소득아뇩다라삼먁삼보리
得阿耨多羅三藐三菩提 須菩提 如來 所得阿耨多羅三藐三菩提

어시중 무실무허 시고 여래설일체법 개시불법 수보리
於是中 無實無虛 是故 如來說一切法 皆是佛法 須菩提

소언일체법자 즉비일체법 시고 명 일체법 수보리 비여인신
所言一切法者 卽非一切法 是故 名 一切法 須菩提 譬如人身

장대 수보리언 세존 여래설 인신장대 즉위비대신 시명대신
長大 須菩提言 世尊 如來說 人身長大 卽爲非大身 是名大身

수보리 보살 역여시 약작시언 아당멸도무량중생 즉불명보살
須菩提 菩薩 亦如是 若作是言 我當滅度無量衆生 卽不名菩薩

하이고 수보리 실무유법 명위보살 시고 불설일체법 무아 무인
何以故 須菩提 實無有法 名爲菩薩 是故 佛說一切法 無我 無人

무중생 무수자 수보리 약보살 작시언 아당장엄불토 시불명보살
無衆生 無壽者 須菩提 若菩薩 作是言 我當莊嚴佛土 是不名菩薩

하이고 여래설장엄불토자 즉비장엄 시명장엄 수보리 약보살
何以故 如來說莊嚴佛土者 卽非莊嚴 是名莊嚴 須菩提 若菩薩

통달무아법자 여래 설명진시보살
通達無我法者 如來 說名眞是菩薩

일체동관분 제십팔
一體同觀分 第十八

수보리 어의운하 여래 유육안부 여시 세존 여래 유육안 수보리
須菩提 於意云何 如來 有肉眼不 如是 世尊 如來 有肉眼 須菩提

어의운하 여래 유천안부 여시 세존 여래유천안 수보리
於意云何 如來 有天眼不 如是 世尊 如來有天眼 須菩提

어의운하 여래 유법안부 여시 세존 여래 유법안 수보리
於意云何 如來 有法眼不 如是 世尊 如來 有法眼 須菩提

어의운하 여래 유불안부 여시 세존 여래 유불안 수보리
於意云何 如來 有佛眼不 如是 世尊 如來 有佛眼 須菩提

어의운하 여항하중소유사 불설시사부 여시 세존 여래설시사
於意云何 如恒河中所有沙 佛說是沙不 如是 世尊 如來說是沙

수보리 어의운하 여일항하중소유사 유여시사등항하
須菩提 於意云何 如一恒河中所有沙 有如是沙等恒河

시제항하소유사수 불세계 여시 영위다부 심다 세존 불고수보리
是諸恒河所有沙數 佛世界 如是 寧爲多不 甚多 世尊 佛告須菩提

이소국토중 소유중생 약간종심 여래실지 하이고 여래설제심
爾所國土中 所有衆生 若干種心 如來悉知 何以故 如來說諸心

개위비심 시명위심 소이자하 수보리 과거심불가득
皆爲非心 是名爲心 所以者何 須菩提 過去心不可得

현재심불가득 미래심불가득
現在心不可得 未來心不可得

법계통화분 제십구
法界通化分 第十九

수보리 어의운하 약유인 만삼천대천세계칠보 이용보시 시인
須菩提 於意云何 若有人 滿三千大千世界七寶 以用布施 是人

이시인연 득복 다부 여시 세존 차인 이시인연 득복 심다
以是因緣 得福 多不 如是 世尊 此人 以是因緣 得福 甚多

수보리 약복덕 유실 여래불설득복덕다 이복덕 무고
須菩提 若福德 有實 如來不說得福德多 以福德 無故

여래설득복덕다
如來說得福德多

이색이상분 제이십
離色離相分 第二十

수보리 어의운하 불 가이구족색신 견부 불야 세존 여래
須菩提 於意云何 佛 可以具足色身 見不 不也 世尊 如來

불응이구족색신견 하이고 여래설 구족색신 즉비구족색신
不應以具足色身見 何以故 如來說 具足色身 卽非具足色身

시명구족색신 수보리 어의운하 여래 가이구족제상 견부 불야
是名具足色身 須菩提 於意云何 如來 可以具足諸相 見不 不也

세존 여래 불응이구족제상견 하이고 여래설제상구족
世尊 如來 不應以具足諸相見 何以故 如來說諸相具足

즉비구족 시명제상구족
卽非具足 是名諸相具足

비설소설분 제이십일
非說所說分 第二十一

수보리 여물위 여래작시념 아당유소설법 막작시념 하이고
須菩提 汝勿謂 如來作是念 我當有所說法 莫作是念 何以故

약인 언여래유소설법 즉위방불 불능해아소설고 수보리
若人 言如來有所說法 卽爲謗佛 不能解我所說故 須菩提

설법자 무법가설 시명설법 이시 혜명수보리 백불언 세존
說法者 無法可說 是名說法 爾時 慧命須菩提 白佛言 世尊

파유중생 어미래세 문설시법 생신심부 불언 수보리 피비중생
頗有衆生 於未來世 聞說是法 生信心不 佛言 須菩提 彼非衆生

비불중생 하이고 수보리 중생중생자 여래설 비중생 시명중생
非不衆生 何以故 須菩提 衆生衆生者 如來說 非衆生 是名衆生

무법가득분 제이십이
無法可得分 第二十二

수보리 백불언 세존 불 득아뇩다라삼막삼보리 위무소득야
須菩提 白佛言 世尊 佛 得我耨多羅三藐三菩提 爲無所得耶

불언 여시여시 수보리 아어아뇩다라삼막삼보리
佛言 如是如是 須菩提 我於阿耨多羅三藐三菩提

내지무유소법가득 시명아뇩다라삼막삼보리
乃至無有少法可得 是名阿耨多羅三藐三菩提

정심행선분 제이십삼
淨心行善分 第二十三

부차 수보리 시법 평등 무유고하 시명아뇩다라삼막삼보리
復次 須菩提 是法 平等 無有高下 是名阿耨多羅三藐三菩提

이무아무인무중생무수자 수일체선법 즉득아뇩다라삼막삼보리
以無我無人無衆生無壽者 修一切善法 卽得阿耨多羅三藐三菩提

수보리 소언선법자 여래설 즉비선법 시명선법
須菩提 所言善法者 如來說 卽非善法 是名善法

복지무비분 제이십사
福智無比分 第二十四

수보리 약삼천대천세계중 소유제수미산왕 여시등칠보취 유인
須菩提 若三千大千世界中 所有諸須彌山王 如是等七寶聚 有人

지용보시 약인 이차반야바라밀경 내지사구게등 수지독송
持用布施 若人 以此般若波羅密經 乃至四句偈等 受持讀誦

위타인설 어전복덕 백분 불급일 백천만억분 내지산수비유
爲他人說 於前福德 百分 不及一 百千萬億分 乃至算數譬喩

소불능급
所不能及

화무소화분 제이십오
化無所化分 第二十五

수보리 어의운하 여등 물위여래작시념 아당도중생 수보리
須菩提 於意云下 汝等 勿謂如來作是念 我當度衆生 須菩提

막작시념 하이고 실무유중생 여래도자 약유중생 여래도자
莫作是念 何以故 實無有衆生 如來度者 若有衆生 如來度者

여래 즉유아인중생수자 수보리 여래설 유아자 즉비유아
如來 卽有我人衆生壽者 須菩提 如來說 有我者 卽非有我

이범부지인 이위유아 수보리 범부자 여래설즉비범부 시명범부
而凡夫之人 以爲有我 須菩提 凡夫者 如來說卽非凡夫 是名凡夫

법신비상분 제이십육
法身非相分 第二十六

수보리 어의운하 가이삼십이상 관여래부 수보리언 여시여시
須菩提 於意云何 可以三十二相 觀如來不 須菩提言 如是如是

이삼십이상 관여래 불언 수보리 약이삼십이상 관여래자
以三十二相 觀如來 佛言 須菩提 若以三十二相 觀如來者

전륜성왕 즉시여래 수보리 백불언 세존 여아해불소설의
轉輪聖王 卽是如來 須菩提 白佛言 世尊 如我解佛所說義

불응이삼십이상 관여래 이시 세존 이설게언 약이색견아
不應以三十二相 觀如來 爾時 世尊 而說偈言 若以色見我

이음성구아 시인행사도 불능견여래
以音聲求我 是人行邪道 不能見如來

무단무멸분 제이십칠
無斷無滅分 第二十七

수보리 여약작시념 여래 불이구족상고 득아뇩다라삼막삼보리
須菩提 汝若作是念 如來 不以具足相故 得我耨多羅三藐三菩提

수보리 막작시념 여래 불이구족상고 득아뇩다라삼막삼보리
須菩提 莫作是念 如來 不以具足相故 得我耨多羅三藐三菩提

수보리 여약작시념 발아뇩다라삼막삼보리심자 설제법 단멸
須菩提 汝若作是念 發我耨多羅三藐三菩提心者 說諸法 斷滅

막작시념 하이고 발아뇩다라삼막삼보리심자 어법 불설단멸상
莫作是念 何以故 發我耨多羅三藐三菩提心者 於法 不說斷滅相

불수불탐분 제이십팔
不受不貪分 第二十八

수보리 약보살 이만항하사등 세계 칠보 지용보시 약부유인
須菩提 若菩薩 以滿恒河沙等 世界 七寶 持用布施 若復有人

지일체법무아 득성어인 차보살 승전보살 소득공덕 하이고
知一切法無我 得成於忍 此菩薩 勝前菩薩 所得功德 何以故

수보리 이제보살 불수복덕고 수보리 백불언 세존 운하보살
須菩提 以諸菩薩 不受福德故 須菩提 白佛言 世尊 云何菩薩

불수복덕 수보리 보살 소작복덕 불응탐착 시고 설불수복덕
不受福德 須菩提 菩薩 所作福德 不應貪着 是故 說不受福德

위의적정분 제이십구
威儀寂靜分 第二十九

수보리 약유인언 여래 약래약거약좌약와 시인 불해아소설의
須菩提 若有人言 如來 若來若去若坐若臥 是人 不解我所說義

하이고 여래자 무소종래 역무소거 고명여래
何以故 如來者 無所從來 亦無所去 故名如來

일합이상분 제삼십
一合理相分 第三十

수보리 약선남자 선여인 이삼천대천세계 쇄위미진 어의운하
須菩提 若善男子 善女人 以三千大千世界 碎爲微塵 於意云何

시미진중 영위다부 수보리언 심다 세존 하이고 약시미진중
是微塵衆 寧爲多不 須菩提言 甚多 世尊 何以故 若是微塵衆

실유자 불즉불설 시미진중 소이자하 불설미진중 즉비미진중
實有者 佛卽不說 是微塵衆 所以者何 佛說微塵衆 卽非微塵衆

시명미진중 세존 여래소설 삼천대천세계 즉비세계 시명세계
是名微塵衆 世尊 如來所說 三千大千世界 卽非世界 是名世界

하이고 약세계 실유자 즉시일합상 여래설 일합상 즉비일합상
何以故 若世界 實有者 卽是一合相 如來說 一合相 卽非一合相

시명일합상 수보리 일합상자 즉시불가설 단범부지인 탐착기사
是名一合相 須菩提 一合相者 卽是不可說 但凡夫之人 貪着其事

지견불생분 제삼십일
知見不生分 第三十一

수보리 약인 언 불설아견인견중생견 수자견 수보리 어의운하
須菩提 若人 言 佛說我見人見衆生見 壽者見 須菩提 於意云何

시인 해아소설의부 불야 세존 시인 불해여래소설의 하이고
是人 解我所說義不 不也 世尊 是人 不解如來所說義 何以故

세존 설아견인견중생견수자견 즉비아견인견중생견수자견
世尊 說我見人見衆生見壽者見 卽非我見人見衆生見壽者見

시명아견인견중생견수자견 수보리 발아뇩다라삼막삼보리심자
是名我見人見衆生見壽者見 須菩提 發阿耨多羅三藐三菩提心者

어일체법 응여시지 여시견 여시신해 불생법상 수보리
於一切法 應如是知 如是見 如是信解 不生法相 須菩提

소언법상자 여래설 즉비법상 시명법상
所言法相者 如來說 卽非法相 是名法相

응화비진분 제삼십이
應化非眞分 第三十二

수보리 약유인 이만무량아승지세계칠보 지용보시 약유선남자
須菩提 若有人 以滿無量阿僧祇世界七寶 持用布施 若有善男子

선여인 발보살심자 지어차경 내지사구게등 수지독송 위인연설
善女人 發菩薩心者 持於此經 乃至四句偈等 受持讀誦 爲人演說

기복 승피 운하위인연설 불취어상 여여부동 하이고 일체유위법
其福 勝彼 云何爲人演說 不取於相 如如不動 何以故 一切有爲法

여몽환포영 여로역여전 응작여시관 불설시경이 장로수보리
如夢幻泡影 如露亦如電 應作如是觀 佛說是經已 長老須菩提

급제비구비구니 우바새 우바이 일체세간 천인아수라 문불소설
及諸比丘比丘尼 優婆塞 優婆夷 一切世間 天人阿修羅 聞佛所說

개대환희 신수봉행
皆大歡喜 信受奉行